Dan y Wenallt

D1389187

Argraffiad cyntaf – 1968
Argraffiad newydd – 1992
Pedwerydd argraffiad – 2006
Argraffiad newydd – 2014

ISBN 978 1 84851 810 0

Darparwyd lluniau Geoff Charles o Dalacharn trwy ganiatâd y
prosiect digiDo yn Llyfrgell Genedlaethol Cymru, Aberystwyth.
Delwedd y clawr: iadams/shutterstock.com.

Cysylltwch â'r cyhoeddwyr am ganiatâd perfformio.

Cyhoeddwyd gyda chymorth ariannol Cyngor Llyfrau Cymru.
Argraffwyd a rhwymwyd yng Nghymru gan Wasg Gomer,
Llandysul, Ceredigion SA44 4JL

Dan y Wenallt

ADDASIAD NEWYDD T. JAMES JONES
O **UNDER MILK WOOD** DYLAN THOMAS

RHAGYMADRODD WALFORD DAVIES

Gomer

Rhagymadrodd

WALFORD DAVIES

'*Ydych chi wedi colli rhywbeth – dan yr eira?* … Oh, I see, English. Lost anything – under the snow?'

('Return Journey')

'All a reader should do is to use *his* voice in the place of your eyes. Is my voice being your eyes?'

'this, to me, unbelievable lack of wires'

(Dylan Thomas yn siarad am gyfrwng y radio *ar* y radio)

(1)

Fe ellid dadlau mai *Under Milk Wood* Dylan Thomas yw'r ddrama radio – drama 'ar gyfer lleisiau' – orau a ysgrifennwyd erioed. Ceir tair agwedd ar ei champ unigryw. Fe ddown at enghreifftiau manwl maes o law, ond gall y tair agwedd fras weithredu yn gyntaf fel tri phennawd arweiniol.

Yn gyntaf, y mae i *Under Milk Wood* arwyddocâd arbennig fel penllanw'r cyfnod creadigol olaf oll yng ngyrfa'r bardd. Ond, fel y cawn weld, tyfodd y cynllun o ddechreuadau cynnar iawn, a thynnai, o ran techneg, ar dueddiadau naturiol yn ei farddoniaeth a'i ryddiaith yn ogystal â'r medrusrwydd arbenigol, proffesiynol a enillasai Thomas drwy ysgrifennu ar gyfer ffilmiau a'r radio yn ystod y 1940au. Wrth gwrs, prif nod y ddrama, fel yn achos nifer o raglenni eraill y bardd ar gyfer cyfrwng clywedol y radio, oedd peri inni chwerthin. Yn ei hachos hi, does yna ddim affliw o flas cymdeithasegol-bropagandaidd ei waith ar gyfer ffilmiau. Ac eto, cofier, ym mhob enghraifft o ddigrifwch gwir fawr (meddylier am Chaucer, Dafydd ap Gwilym a Shakespeare), ni fu'r chwerthin erioed yn chwerthin difeddwl. Yn wir, yr hyn a symbylodd Thomas i gwblhau'r ddrama yn 1953, ar unfed awr ar ddeg ei fywyd byr – a hynny yn Efrog Newydd ('Mwyaf garw oedd marw ymhell') – oedd ei deimlad fod ynddi, er gwaethaf arafwch ei thwf, a hynny dros ddegawd, ergyd foesol a oedd hyd yn oed yn fwy amserol yn 1953 nag yn 1943. Darlunnir cymuned ddychmygol Llareggub fel 'a place of love', trigfan diniweidrwydd damcaniaethol, honedig, ie, ond un a oedd yn berthnasol i foment o argyfwng hanesyddol. Ymegnïodd Thomas i gwblhau'r gwaith nid yn unig yng nghyd-destun cyflafan yr Ail Ryfel Byd, ond hefyd yng nghanol erchyllter yr Holocost a bygythiad arswydus rhyfel niwclear a ymddangosai iddo, yn dilyn Hiroshima a Nagasaki yn 1945, yn anochel. 'The Earth has killed itself,' meddai. 'It is black, petrified, wizened, poisoned, burst; insanity has blown it rotten.'

Daethom, efallai, yn rhy gyfarwydd ag agoriad *Under Milk Wood* – 'To begin at the beginning' – heb sylweddoli fod i'r ymadrodd linach lenyddol hir. Meddylier am eiriau Dickens yn *A Tale of Two Cities*, gan gofio bod Dickens yntau yn disgrifio treflan yn cysgu: 'Commence at the commencement … All the village withdraws … all the village whispers by the fountain, all the village sleeps, all the village dreams'. Neu ystyrier geiriau Byron ar ddechrau *Don Juan*: 'my way is to begin with the beginning'. Neu eiriau cellwerus Thomas ei hun ar ddechrau darllediad radio yn 1946: 'Well, where do we begin? Got to begin somewhere.' ('Margate – Past and Present'). Mae gan y rhain rywbeth yn gyffredin â gorchymyn geiriau'r Brenin i'r White Rabbit yn *Alice's Adventures in Wonderland* – ' "Begin at the beginning," the King said, very gravely, "and go on till you come to the end: then stop".'

Ond mae 'To begin at the beginning' hefyd yn tarddu o ffynhonnell arall, ddyfnach, sef 'Yn y dechreuad yr oedd y gair'. Nid ffugbarchuso'r gwaith yw nodi hyn, ond mater o barchu'r ffaith mai Eden wedi'r Cwymp, rhyw Wynfa goll, os seciwlar, yw lleoliad *Under Milk Wood*, ac mai geiriau yn unig yw'r cyfrwng. I Thomas, roedd geiriau olaf oll y ddrama yr un mor bwysig: 'a greenleaved sermon on the innocence of men, the suddenly wind-shaken wood springs awake for the second dark time this one Spring day.'

'The *second* dark time': ail dywyllwch cylch o bedair awr ar hugain, ie, ond â thinc cwestiwn llawer dwysach, sy'n ein hatgoffa o linell anfarwol Thomas y bardd – 'After the first death there is no other'. Yng nghanol trybini ôl-Hiroshima a Nagasaki, a ellid dibynnu ar fedru dihuno o gwbl – yng ngeiriau llinell olaf 'Holy Spring' yn 1944, 'If only for a last time'? Un o ddelweddau mwyaf cyson Thomas fel bardd yw'r ddelwedd o foreau dibynadwy: 'Awake, my sleeper, to the sun,/ A worker in the morning town'; 'the mighty mornings of the earth'; 'Woke to my hearing from harbour and neighbour wood/ And the mussel pooled and the heron/ Priested shore/ The morning beckon'; neu'r ddelwedd fythgofiadwy yn 'Fern Hill' –

> And then to awake, and the farm, like a wanderer white
> With the dew, come back, the cock on his shoulder: it was all
> Shining.

Strôc arbennig *Under Milk Wood* yw gosod bore bywiog y dreflan yn heriol-bendant yn erbyn tywyllwch y nos – 'The principality of the sky lightens now, over our green hill, into spring morning larked and crowed and belling' – ond heb ddileu'r breuddwydion na'r cysgodion. Mae'n bwysig deall mai teitl ffurf arbrofol y ddrama (lle y daw 'Arolygwr' o Lundain i ddyfarnu'r pentref yn wallgof) oedd 'The Town That Was Mad'. Ni oroesodd y senario fiwrocrataidd-Orwellaidd honno, o leiaf nid mewn unrhyw ffordd amlwg; yn wir, eironi'r gwaith terfynol yw'r awgrym mai'r dref lan môr fechan, ddychmygol hon yw'r unig le *nad* yw'n wallgof yn y byd difrawdol, ôl-Shoah, ôl-Hiroshima. Heddiw, ymatebwn yn falch rydd i hiwmor chwareus y ddrama, ond nid fel dihangfa y'i lluniwyd gan Thomas. Fel y pwysleisiodd mewn sgwrs radio gydag Arthur Calder-Marshall:

> We can still laugh with the dead, but to laugh with living writers is, on the whole a serious undertaking. And if anybody listening is reserving the writing of *his* comic book for a rainy day, then what does he think *this* is? – the dry spring of the world?
>
> ('A Dearth of Comic Writers', 1948)

Yr ail agwedd yw crefft ryfeddol y gwaith. Nid yw hyd yn oed profiad technegol helaeth yr awdur ym myd ffilmiau a radio yn ystod y 1940au ('Listen. Time passes. Come closer now' ac ati) yn ddigon i gorlannu holl strategaethau rhethregol amrywiol y ddrama. Dengys y llu o lawysgrifau sydd bellach yng Nghanolfan Ymchwil Harry Ransom ym Mhrifysgol Texas yn Austin sut y rhoddodd Thomas sylw unigol i bob gair, ymadrodd, syniad a sain. Yr hyn a welir (neu'n hytrach a *glywir*) yw bardd telynegol mawr wrth ei waith mewn rhyddiaith – rhyddiaith a alwai'n 'prose with blood pressure' – sydd hefyd yn bwrw'i rhwyd yn eang i greu fframwaith sy'n cwmpasu ffurfiau mor amrywiol â'r gân, y gerdd, y faled a'r parodi, heb sôn am sylwebaeth, adroddiadau sych bwriadol megis cyfarwyddiadau llyfr taith, monologau, deialogau, caniadau ceiliogod, twrw gemau plant ar iard yr ysgol, a synau cyffredin eraill y byd – hynny yw, byd a chyfnod a aeth dros gof, ac a droes yn gynfyd.

Yn drydydd, dyna berthynas y ddrama â Chymru. Beirniadwyd *Under Milk Wood* o'r dechrau gan rai yng Nghymru ar sail y dybiaeth mai gwawdlun yn unig ydyw – er nad oedd yn ddim byd tebyg i chwerwedd y brotest yn erbyn *The Playboy of the Western World* John Millington Synge yn Nulyn yn 1907. Er gwaethaf ei wreiddiau teuluol Cymraeg dyfnion, agwedd gyfnewidiol oedd gan Thomas tuag at Gymru i ryw raddau. Eto i gyd, dyna'r union beth a'i gwnaeth hi'n berthynas greadigol yn y lle cyntaf. Yr un mor greadigol ac amrywiol oedd perthynas ddofn mawrion megis James Joyce a D. H. Lawrence â'u mamwledydd hwythau. Ond yn wahanol i Joyce a Lawrence, ac er gwaethaf sylwadau achlysurol Thomas yn ei rôl fel rhyw *enfant terrible*, cydnabyddai yn gyson mai ei famwlad oedd yr unig wlad yr oedd yn hapus ynddi: yn wir, yr unig wlad y medrai ysgrifennu'n greadigol ynddi. O ran ei awen, llenor a arhosodd gartref gydol ei oes oedd Thomas. Dim ond dros dro, yn achlysurol er mwyn ennill bywoliaeth, y denwyd ef hyd yn oed i Lundain. A chofier hyn: gallai fod wedi hawlio'i delerau ariannol ei hun yn America ddegawd cyfan cyn iddo ildio, heb lawer o lawenydd, i bedwar ymweliad byr rhwng 1950 ac 1953. Roedd rhyw angor rhyfeddol gartref. Mae'n amlwg mai drama na allasai ond Cymro lled afradlon (yn ystyr ysgafnaf yr ansoddair) ei hysgrifennu yw *Under Milk Wood*. Ac y mae'n rhaid fod rhyw gariad creadigol dwfn at Gymru ar waith yn y Saesneg gwreiddiol i symbylu'r bardd T. James Jones i'w haddasu i'r Gymraeg.

Yn ogystal, deillia llawer o rym *Under Milk Wood* o'r modd y cyfareddwyd y Thomas dinesig – y 'townee' o Abertawe, fel y'i ystyriai ef ei hun – gan wledigrwydd awyr-iach, glan-y-môr Ceinewydd a Thalacharn. O reidrwydd, ceir yn y ddrama elfennau cartwnaidd, ond cynhesir y rheiny drwodd a thro gan gariad greddfol. Fel y soniwyd eisoes, ni fwriadwyd y gwaith fel dadansoddiad cymdeithasol, realistig, er y gellid dadlau bod perthynas ddiddorol rhyngddo a gwaith anthropolegol y cyfnod (gan H. J. Fleure ac Alwyn D. Rees, er enghraifft), a geisiai ddadlennu cynhysgaeth y Cymry yng nghyd-destun hil a phlwyf. Ac eto, ar y llaw arall, perthnasol yw'r hyn a ddywedodd T. S. Eliot ynghylch natur comedïau Ben Jonson, cyfoeswr ac edmygydd pennaf Shakespeare:

It is what it is; it does not pretend to be another thing … We cannot call a man's work superficial when it is the creation of a world; a man cannot be accused of dealing superficially with the world which he himself has created; the superfices *is* the world.

Ac wrth groesawu addasiad newydd T. James Jones o'r gwaith i'r Gymraeg, mae'n werth dyfynnu hefyd fendith R. S. Thomas, crëwr y *persona* cymhleth arall hwnnw Iago Prytherch. Clywodd R. S. y darllediad cyntaf oll o *Under Milk Wood* ym mis Ionawr 1954, ac ysgrifennodd at Raymond Garlick i ddweud, 'I thought Under Milk Wood excellent.'

(2)

Buddiol yma fyddai ailgydio mewn mwy o fanylder â hanes cyfansoddi *Under Milk Wood*, a hynny er mwyn deall hefyd natur ei *chyfansoddiad*. Mae'n eironig fod gwaith sy'n agor â'r geiriau 'To begin at the beginning' yn un mor lluosog ei ddechreuadau. Wrth gwrs, y profiad o fyw am gyfnod yn 1944–5 yng Nghelmewydd (lleoliad y rhaglen radio fer *Quite Early One Morning*), mynych ymweliadau Thomas â Thalacharn o 1933 ymlaen, ei arhosiad yno o 1938 i 1939, ac yna'i gyfnod yn Nhalacharn o 1949 hyd at ei farw ym mis Tachwedd 1953 a gadarnhaodd strwythur sy'n dechrau gyda phreswylwyr pentref bach yn cysgu. Ond ei brofiad o Dalacharn a gadarnhaodd ac a ddatblygodd y syniad o gwmpasu cylch nos-a-gwawr diwrnod cyfan hyd at ddechrau diwrnod arall er mwyn cynnwys y cyfoeth o ddeunydd a oedd wedi hen gronni yn ei feddwl. Fel y dywedodd ei wraig Caitlin:

> Dylan lovcd all that small-town pomp and the nonsense gossip that he lapped up every morning in Ivy Williams' kitchen at Brown's hotel … it was there that he picked up all the character vignettes which he moulded into *Under Milk Wood*. The folk of Laugharne were engaged

in an endless wrangle of feuds, affairs, fights, frauds and practical jokes … Dylan captured all that, and the lives of the more respectable people behind their blinds who wouldn't come to the pub anyway, who wore their best Sunday suits, and walked to church with a Bible under their arms: he saw it all.

Yn Nhalacharn ym mis Rhagfyr 1939, pan oedd Dylan a Caitlin yn disgwyl eu plentyn cyntaf, y daeth y syniad o'r gwaith yn ei gyflawnder gyntaf i'w feddwl. Mewn rhaglen adloniant er budd y Groes Goch, cymerodd Thomas, y nofelydd Richard Hughes (awdur y nofel *A High Wind in Jamaica*) a gwraig Hughes, ynghyd â Mr Gleed, bwtsiwr Talacharn, ran yn ffars un-act Ernest Goodwin, *The Devil among the Skins*. Dyna eisoes yn 1939, felly, nifer o gyd-ddigwyddiadau awgrymog. Dylanwadodd teitl Goodwin ar un o deitlau Thomas ei hun, sef *Adventures in the Skin Trade*. A chofiwn mai Richard Hughes oedd awdur y ddrama gyntaf i'w hysgrifennu'n arbennig ar gyfer y radio – *A Comedy of Danger* (1924). Ond pwynt mwy arwyddocaol o ran natur *Under Milk Wood* yw datganiad Thomas: 'What Laugharne really needs is a play about well-known Laugharne characters – and get them all to play themselves'. (Diau y bu enw a galwedigaeth Mr Gleed y Bwtsiwr yn ysgogiad pwysig yn hyn o beth!) Yr oedd y syniad hwn o ddefnyddio'r pentrefwyr eu hunain yn un diddorol – yn arloesol yn wir: mae'n rhagflaenu nifer o ffilmiau'r sgrin fawr a gafodd eu cynhyrchu yn ystod yr Ail Ryfel Byd, yn cynnwys un am bentref Cymreig/Cymraeg, sef *The Silent Village* (1943). Y pwynt yw na all, hyd y dydd heddiw, unrhyw gynhyrchiad 'actoraidd'/proffesiynol gweladwy fyth guro darlleniad syml o'r ddrama ar y weiarles. Roedd rywbeth naturiol-werinol ynghlwm wrth y gwaith o'r dechrau. Cadarnheir hyn mewn llythyr anghyhoeddedig o'r un cyfnod, lle y dywed Thomas: 'The only democratic conception of human equality is that all men are tragic and comic: we die, we have noses. We are not united by our drabness and smallness, but by our heroisms; the common things are wonderful; the drab things are those that are *not* common.'

Ond yr oedd Thomas wedi rhag-weld posibiliadau prif dechnegau'r ddrama ymhell cyn 1938. Ceir arwyddion yn ei farddoniaeth a'i ryddiaith o'r cychwyn cyntaf. Er enghraifft, diau ein bod wedi ein diddanu droeon gan Mrs Ogmore-Pritchard yn gormesu ysbrydion ei dau ŵr ymadawedig ar fater eu diffyg taclusrwydd ('Tell me your tasks in order' … 'I must put my pyjamas in the drawer marked pyjamas', ac ati) heb inni wybod am y darn hwn o 'The Sincerest Form of Flattery (A Literary Course)', eitem gan Thomas yn y *Swansea Grammar School Magazine* ym mis Gorffennaf 1931, ac yntau'n ddim ond bachgen 17 mlwydd oed:

> MUSSOLINI
> Is nothing in this place ever right?
> WIFE [*complacently*]
> No dear. I hope you remembered to change
> your underclothing.
> MUSSOLINI
> I did. And to air my shirt. And do my teeth.
> And wash behind my ears.

Dyna strôc wleidyddol gynnar gan fardd yr honnir nad oedd yn wleidyddol o gwbl. Daeth atgasedd Thomas at hitleriaid bychain domestig, cymdeithasol neu fiwrocrataidd – heb sôn am Hitleriaid dieflig gwleidyddol go iawn – yn rhan gynnar o'i ymwybyddiaeth ac o'i gydwybod.

Yn naturiol, daeth manteision o'r arddulliau a ddysgasai Thomas ym myd ffilm a radio yn ystod y pedwardegau. Ond, fel yr awgrymwyd, roedd nifer o'r rhain eisoes yn bodoli yn ei waith. Gwelir hyn yn y syniad sylfaenol ohono ef ei hunan fel gwyliwr annibynnol liw nos:

I was a lonely nightwalker and a steady stander-at-corners.
I liked to walk through the wet town after midnight … alone
… under the moon, gigantically sad in the damp streets by
ghostly Ebenezer Chapel.

> ('Just Like Little Dogs', 1939)

neu yn y ddelwedd o'r bardd plygeiniol yn 'Poem in October'
(1939–44):

> Myself to set foot
> That second
> In the still sleeping town and set forth.

Ond dyma'r pwynt pwysig: bob tro y gwrandawn ar *Under Milk
Wood* ar y radio neu ar record neu ar grynoddisg, mae'r gwaith
yn dibynnu'n llwyr ar y gwrandawr. Fel y dywedodd T. S. Eliot yn
Four Quartets: 'You *are* the music, while the music lasts.'

Mae'n rhaid i luniau ar y tonfeddi diwifr fod mor effeithiol
â lluniau ar sgrin fach neu fawr. Pwysleisir hyn drwyddo draw
yn *nhestun* y ddrama ei hun, yn cynnwys y gair cyntaf oll, sef y
cyfarwyddyd llwyfan – 'Silence'. Ceir eironi yma, wrth gwrs,
gan mai torri ar 'Ddistawrwydd' yw hanfod drama radio.
Pwysleisir hyn ymhellach gan amryw eiriau yng nghwrs y
gwaith sydd fel petaent yn bygwth dychwelyd, os na wrandawn,
at ddistawrwydd – geiriau megis 'muffled', 'lulled', 'dumbfound',
'hushed', 'dumb', 'gloved', 'furred' ac ati. Un o gyffyrddiadau
disgleiriaf *Under Milk Wood*, wedi'r cyfan, yw paradocs Capten
Cat – 'the noise of the hush'. Ategir hyn oll gan y ffaith fod y darn
yn dechrau ac yn gorffen gyda'r nos, oherwydd ym myd radio
nid oes, heblaw geiriau, ond tywyllwch. Fel y soniwyd eisoes,
gwyddai Thomas mai'r ddrama gyntaf erioed a ysgrifennwyd yn
benodol ar gyfer radio oedd *A Comedy of Danger* (1924) Richard
Hughes, sydd wedi ei lleoli yn nhywyllwch llwyr llythrennol
pwll glo yn dilyn damwain. Mae'n arferol i unrhyw siaradwr
cyhoeddus ofyn i gynulleidfa mewn ystafell neu neuadd,

'Can you hear me from there?', ond dyma lefarydd *Under Milk Wood* yn dweud yn gyson ac yn hyderus, 'From where you are you can hear …' oherwydd yn 1953 'where you are' oedd yr unig le y *medrech* glywed – sef yn agos at y weiarles.

Ar y llaw arall, o ran cynnwys, gallai'r ddrama fod wedi bod, yn ystyr arall y gair, yn un llawer *mwy* tywyll. Dengys y llawysgrifau gwreiddiol ym Mhrifysgol Texas fel y bu i Thomas ystyried posibiliadau tywyll iawn:

> Bring in Tom [Sinbad] the Sailor's hopeless love for Gossamer Beynon. Gossamer's erotic dreams. The tragedy behind Lord Cut Glass's life. The sadness of No-good Boyo. The terrible jealousy of Mrs Cherry. Mrs Ogmore-Pritchard's terrible death-waiting loneliness. The poverty of the town, the idiocy, the incest. Look at the graveyard: remember the early mortality and fatalities. This all to show Llareggub no Utopia.

Yn syth ar ôl y cofnod hwn, ysgrifennodd Thomas, 'Huge donkeybray, close to mike' – cyfarwyddyd radio mor wahanol i synau 'cockcrows, bell-notes and organ-music' y ddrama fel yr ysgrifennwyd hi. Goroesodd cariad ofer Sinbad Sailors a breuddwydion erotig Gossamer Beynon yn llawn hiwmor gwych, megis breuddwyd Gossamer ynghylch 'a small rough ready man with a bushy tail winking in a paper carrier'. Ond ni oroesodd y 'tragedy behind Lord Cut Glass's life' na 'Mrs Ogmore-Pitchard's terrible death-waiting loneliness' – o leiaf, nid mewn ffordd echblyg. Parthed yr hyn y mae Thomas yn ei alw yn 'the poverty of the town, the idiocy, the incest', diddorol yw ei weld ar lawysgrif arall yn dal i ofyn, 'What have I missed out?', ac wedyn yn rhestru 'Incest / Greed / Hate / Envy / Spite / Malice', gan ychwanegu am yr eildro y cofnod, 'Have to have: Huge donkeybray, close', ynghyd â chofnod arall mewn llythrennau breision: 'STRESS THE FEAR OF SOME OF THE TOWN AFTER DARK'.

I'r un perwyl, fe welwn Thomas yn ysgrifennu nodyn yn ailadrodd, 'look at the graveyard … remember the early mortality and fatalities'. Dyma ddylanwad *Spoon River Anthology* (1915) yr Americanwr Edgar Lee Masters yn ei amlygu ei hun, gwaith lle y siaredir geiriau llawer mwy chwerw o'r ochr arall i'r bedd. Lluniodd Thomas sgwrs radio wych am *Spoon River Anthology*, ond yn *Under Milk Wood* sefydlodd gywair tynerach o'r dechrau. Mae geiriau'r cymeriadau cyntaf i siarad – ysbrydion y morwyr ym mreuddwyd neu isymwybod Capten Cat – ymhlith y gorau yn y ddrama. Yn wir, dywedodd Vernon Watkins wrthyf mai hwn oedd hoff ddarn T. S. Eliot. Diddorol yw medru ychwanegu mai hoff ddarn Thomas ei hun oedd yr un cyfatebol tua'r diwedd, lle mae ysbryd Rosie Probert hefyd yn ymgomio â'r capten dall a chysglyd ar ffurf cerdd deimladwy, seml: 'What seas did you see, / Tom Cat, Tom Cat / In your sailoring days / Long long ago?'. Yn y darn cynnar mae lleisiau'r morwyr a foddwyd yn fythgofiadwy – nid oherwydd rhyw deimlad haniaethol o golled ar ein rhan ni fel gwrandawyr neu ddarllenwyr, ond oherwydd yr ugain cwestiwn diriaethol, uniongyrchol sy'n dramateiddio hiraeth yr ymadawedig am y byd:

First Drowned
How's it above? …

Third Drowned
How's the tenors in Dowlais?

Fourth Drowned
Who milks the cows in Maesgwyn?

Fifth Drowned
When she smiles, is there dimples?

First Drowned
What's the smell of parsley?

Roedd yr un tynerwch yno yn y llawysgrifau. Er enghraifft, er nas defnyddiwyd, mae'r darn canlynol ynghylch y Parch. Eli Jenkins yn arwyddocaol: 'God is love, the Reverend Eli Jenkins tells a parishioner dying. Hod is Love? the old woman whispers. Yea, Hod is Love, he says with reverence. And she flies from a hovel to a mansion, quick as a simple flash.' Mae penderfyniad rhyddfrydig y gweinidog, wrth wely angau hen wraig, i dderbyn ei chamgymeriad â chariad (testun yr adnod, wedi'r cyfan), yn hytrach na mynd ati i gywiro'n semantig-ddiwinyddol, yn ernes gynnar o gynhesrwydd ei gymeriad. Nid yw'r falapropiaeth 'Hod is Love' fymryn yn fwy od, yng nghyd-destun y ddrama fel y cawn hi, na chael sampler frodwaith yn datgan 'God is Love' yn hongian yn ddigywilydd uwch gwely Dai Bread a'i ddwy wraig.

Yn y modd hwn, teflir amwysedd yn ogystal â chysgodion ar draws y gomedi: cyffyrddiadau tywyll – 'dark suggestions' fel y dywed Thomas yn y llawysgrifau – er mwyn dangos, fel y dywedodd, nad yw Llareggub yn Iwtopia. Am foment, yn y llawysgrifau, ystyriodd orffen â'r syniad 'Midnight / the dead come out … Llareggub is buggerall now'. Ond erbyn 1953 nid oedd hyn, fel cymaint o'r deunydd crai gwreiddiol, yn gydnaws â'r ymdeimlad cadarnhaol, cariadus y daethai Thomas, dros gyfnod o ddegawd cyfan, i'w weld fel yr ymateb priodol i erchyllterau'r cyfnod. Ac eto, daliodd y ddrama orffenedig ei gafael yn gryf ar elfen o dywyllwch y syniadau gwreiddiol. O ganlyniad, y mae'r gwaith yn ddistylliad o fath arbennig o'r hyn y gellid ei alw'n 'Welsh Gothic', cymaint yw'r pwyslais ar bresenoldebau rhithiol, tensiynau emosiynol a chyni seicolegol, ac ar ddulliau lliwgar-ond-afreolus y 'carnifalésg'.

Ategir hyn gan yr elfen o swrealaeth a red drwy'r gwaith. Er enghraifft, honnir ynghylch pentref busneslyd Llareggub: 'Eyes run from the trees and windows of the street'. Nid yr un peth yw hynny â dweud, yn syml, fod llenni'n cael eu cilagor ar fusnes pobl eraill yn y stryd. Neu ystyrier eiriau'r llefarydd: 'Now the voices around the pump can see somebody coming.' Neu, wele Eli Jenkins wrth ei ddesg gerbron llun o'i fam ymadawedig:

> *His mother, propped against a pot in a palm, with her wedding-ring waist and bust like a blackcloth diningtable, suffers in her stays.*

Rev. Eli Jenkins
Oh, angels be careful there with your knives and forks

> *he prays. There is no known likeness of his father Esau, who, undogcollared because of his little weakness, was scythed to the bone one harvest by mistake when sleeping with his weakness in the corn.*

Mae ebychiad Eli Jenkins ynghylch 'cyllyll a ffyrc' yn un od. Mae fel petai'n cyfuno'r bwrdd cinio, staesys cywasgol y fam, a chyfarfyddiad tyngedfennol y tad â phladur rywdro mewn cae gwenith. Dyma grefft swrealaidd ar ei gorau – crefft sy'n goresgyn, ac eto'n cynnwys, 'clecs'. Er enghraifft, paham y ceir ffotograff o'r fam pan nad oes unrhyw ffotograff o gwbl o'r tad (dyn â'r enw bedydd awgrymog 'Esau') wedi goroesi? Synhwyrwn alltudiaeth y tad o oriel ffotograffig ystafell ffrynt ei weddw barchus.

Ymhellach, dyna'r ffaith fod *Under Milk Wood* mor aml yn tawel-ddyfynnu gweithiau eraill, gan wneud hynny ar-ongl, fel petai. Dyma ddwy enghraifft. Pan ddywed y llefarydd, 'The music of the spheres is heard distinctly over Milk Wood. It is "The Rustle of Spring"', collwn yr ergyd o beidio â sylweddoli mai darn piano gan y cyfansoddwr Norwyaidd Christian Sinding oedd 'The Rustle of Spring', darn wedi'i hen gysylltu â chwaeth gerddorol isel ael – cyfatebiaeth eironig-annigonol, felly, â chysyniad mawr Pythagoras o Gerddoriaeth y Bydysawd. Neu beth am osodiad y llefarydd ynghylch disgrifiad Eli Jenkins o fryncyn Llareggub fel 'that mystic tumulus, the memorial of peoples that dwelt in the region of Llareggub before the Celts left the Land of Summer and where the old wizards made themselves a wife out of flowers'? Ceir yma gyfeiriadau, wrth gwrs, nid yn unig at greu Blodeuwedd o flodau'r erwain, y deri a'r banadl yn y *Mabinogi* – tarddiad enw Dylan ei hun, wedi'r cwbl, fel y gwyddai'r bardd yn iawn – ond hefyd at fytholeg Iolo Morganwg ynghylch 'gwlad gysefin' cenedl y Cymry, sef Deffrobani neu 'Wlad yr Haf'.

(3)

Golyga gweledigaeth a chryfderau ieithyddol *Under Milk Wood* fod ei throsi'n ystyrlon yn sialens. Dechreuodd y prosiect o 'gyfieithu' darnau o waith y bardd i nifer helaeth o ieithoedd y byd yn fuan iawn wedi ei farwolaeth yn 1953. A da hynny, ond gosodaf ddyfynodau o amgylch 'cyfieithu' yn bwrpasol (fel y dywedodd Thomas fwy nag unwaith, 'I hope my quotation-marks come stinging across'). Yn Saesneg, ceir termau amrywiol am 'gyfieithu': gall un ymgais fod yn 'version', un arall yn 'imitation', ac un arall eto yn efelychiad hyd yn oed mwy llac neu ddychmygus ('after'). Ond un peth *na* all 'cyfieithiad' o unrhyw fath fyth fod yw'r hyn sydd wrth wraidd Lladin yr union air Saesneg 'translation' – sef *trosglwyddiad*. Ni throsglwyddir iaith i iaith arall heb golled. Y sialens gydag unrhyw fath o fersiwn o gwbl yw gwneud iawn am y golled. Taranodd y bardd Philip Larkin, braidd yn unllygeidiog, yn erbyn 'cyfieithu' llenyddiaeth o gwbl. Ond y mae'n werth gwrando arno oherwydd, fel yr â rhagddo, y mae'n dweud rhywbeth pwysig: 'Almost all translations seem to me condemned to be poetic zombies, assemblages of properties walking around with no *informing intelligence or soul, unless the original can be digested in the imagination of its translator and used to produce a new work*.'

Y mae camp *Dan y Wenallt* i'w chroesawu'n frwd. Ceir yn

T. James Jones un sydd yn amlwg nid yn unig yn deall natur ac
ysbryd y gwaith gwreiddiol, ond sydd â'r doniau angenrheidiol
cynhenid i roi bywyd newydd cyfatebol iddynt yn Gymraeg.
Yn hyn o beth, penderfyniad canolog ganddo o'r dechrau oedd
llunio *Dan y Wenallt* fel *addasiad*, nid 'cyfieithiad' bondigrybwyll.
Mae gweledigaeth y gwaith gwreiddiol mor wych – a'r amrywiol
agweddau ar ei mynegiant mor gydnaws â'i gilydd – fel bod
cynnal yr un cydnawsedd, mewn unrhyw iaith newydd o gwbl,
yn hollbwysig. Yn hyn o beth, mae *Dan y Wenallt* yn hynod
ddyfeisgar a llwyddiannus. Er enghraifft, penderfyniad da oedd
defnyddio o'r dechrau elfen gref o dafodiaith arfordir Shir Gâr,
tafodiaith yr ymglyw T. James Jones mor rhwydd â hi, ac sydd,
ynghyd â'r idiomau lleol, y delweddau a'r talfyriadau llafar
yn y gwaith ar ei hyd ('whare mochyns', 'O! 'Na wep!', 'O! 'Na
bishyn!', 'O, 'na gwd, ontefe') yn cynrychioli, heb honni eu bod
yn eu 'cyfieithu', y cyffyrddiadau ecsentrig yn iaith y gwreiddiol.
Penderfyniad athrylithgar arall oedd dewis addasu agoriad
trawiadol y ddrama ar ffurf pryddest, a champ oedd ei chael hi i
redeg mor naturiol:

> *Chi yn unig*
> *a glyw'r tai yn cysgu yn y strydoedd,*
> *yn llif distaw, hallt, linc-di-lonc y nos rwymedig.*
> *Chi yn unig*
> *a wêl, yn y llofftydd llennog,*
> *y peisiau ar gadeiriau,*
> *y jygiau a'r basinau molchi,*
> *y dannedd yn y dŵr a'r Dengair Deddf ar y mur,*
> *a lluniau deryn-dicw y meirw yn melynu.*
> *Chi yn unig*
> *a all glywed a gweld,*
> *yng nghefn llygaid y breuddwydwyr,*
> *gyffro a gwlad a drysfa a lliw*
> *a siom ac enfys ac alaw ac awydd a ffoi*

> *a chwymp a thrychineb*
> *môr mawr eu breuddwydion.*

Addas o ran strwythur, felly, oedd addasu hefyd ddiweddglo'r ddrama ar ffurf cerdd fer delynegol, eto yn y wers rydd:

> *Mae'r nos fain yn tywyllu.*
> *Ac o grychni'r dŵr daw ochenaid awel i'r strydoedd.*

A'r un mor ddoeth oedd gadael y datganiad gan 'Voice of a Guidebook' yn Saesneg heb ei drosi: mae hyn yn cadarnhau pwrpas gwreiddiol Thomas o ddyfarnu llais digymeriad a dienaid teithlyfr yn llais estron, trefedigaethol.

Gwelwn mai *bardd* sydd yma'n addasu, bardd â gafael feistrolgar ar y canu caeth a'r wers rydd fel ei gilydd. Cawn yma gynghanedd, yn ystyr ehangaf y gair, yn ieuo syniadau yn ogystal â synau, ac yn sicrhau bod bywyd *trosiadol* y gwaith gwreiddiol yn cael ei drosglwyddo. Dyma enghreifftiau: 'ei chilfach wlân', 'Ma' llygad latsh da fe', 'Mae'i dref mor llawn a wy llinos', 'yn tocio'r byd i'r byw', 'Hen fôr dail yr eiddew/ A'i ewyn yn elyrch', 'Drwy siwrneiau ei ddagrau', 'yn rhandir mwyn Llaregyb'. Buwyd yr un mor ddyfeisgar wrth fathu enwau Cymraeg newydd ar rai o'r cymeriadau, enwau sy'n cynnal comedi'r enwau gwreiddiol heb eu copïo'n slafaidd, enwau megis Ifans Ange (Evans the Death) neu Dai Di-ddim (Nogood Boyo) neu Mrs Dai Bara Gwyn a Mrs Dai Bara Brown ar gyfer Mrs Dai Bread One a Mrs Dai Bread Two. A cheir gwefr hefyd yn y cyffyrddiadau symlaf oll:

Captain Cat	**Capten Cat**
Dancing Williams!	Williams y Dawnsiwr!
First Drowned	**Y Cyntaf a Foddwyd**
Still dancing.	Yn danso o hyd.

| **Captain Cat** | **Capten Cat** |
| Jonah Jarvis | Jona Jarfis |

| **Third Drowned** | **Y Trydydd a Foddwyd** |
| Still. | Ar ei hyd. |

Adleisir 'Yn danso o hyd' yn 'Ar ei hyd', fel y talfyrrir 'Still dancing' yn 'Still' yn y gwreiddiol – ond mor greadigol wahanol yw 'ar ei hyd' a 'still'. Ond nid swyddogaeth rhagymadrodd yw gorfanylu, megis bwydlen ar wledd. Digon yw dweud nad oes i *Dan y Wenallt* flas unrhyw beth benthyg neu ail-law.

* * *

Wrth groesawu'r addasiad newydd, hoffwn hefyd ddychwelyd am foment at ddau atgof sydd i mi yn rhoi ystyr bersonol i'r syniad o 'ddechrau yn y dechrau'n deg'. Yn gyntaf, atgof o ymweld â Thalacharn gyda Hazel ym mis Awst 1958, a minnau ond megis dechrau ymddiddori yng ngwaith Dylan Thomas. Yn hwyrddydd haf y prynhawn hwnnw, rwy'n cofio bod yn ymwybodol, wrth inni gerdded yn ôl ar hyd y lôn o'r Boat House enwog, o sŵn cynulleidfa'n llifo'n fyrlymus allan o babell fawr yn y Dragon's Park i'r dde o'r lôn, tra eisteddai dyfroedd bae Taf a Thywi'n dawel i'r chwith. Hyfryd yw gwybod bellach mai llwyfaniad o *Under Milk Wood* gan y Llareggub Players (y llwyfaniad cyntaf yng Nghymru wedi marwolaeth y bardd) oedd yr achlysur. A hyfryd deall hefyd mai 'First Voice' y perfformiad hwnnw oedd T. James Jones. Eto, ar y pryd, tristwch wrth basio'r dorf oedd clywed gan berson a gerddai'n gyflym o'n holau – bron fel petai'n ategu cywair cyfnewidiol y ddrama ei hun – fod Florence Thomas, mam y bardd, newydd farw yn y Boat House, ei chartref olaf. Yng ngeiriau Shakespeare yn *The Winter's Tale*: 'thou met'st with things dying, I with things new-born.'

Cofiaf wedyn fynd i ddangosiad *matinée* arbennig o ffilm *Under Milk Wood* Andrew Sinclair yn Llundain yn 1972, yn dilyn gwahoddiad i gyfrannu i'r rhaglen deledu *Y Dydd* yng Nghaerdydd dan gadeiryddiaeth a chwestiynau craff Gwilym Owen, er mwyn pwyso a mesur y ffilm fel addasiad ar gyfer y sgrin fawr. Fy nghyd-dystion – pob un ohonom, rwy'n cofio, yn mynegi barn led gyfartal *pro* a *con* parthed llwyddiant y ffilm – oedd Aneirin Talfan Davies, Ryan Davies (gyda Richard Burton, un o'r Ddau Lais yn y ffilm) a T. James Jones. Rwy'n cofio'n glir ateb pwyllog T. James Jones i'w gwestiwn cyntaf oll – 'Mae i bob cyfrwng ei fanteision a'i anfanteision.'

Yn ysbryd y gwirionedd hwnnw y daw *Dan y Wenallt*. Adlewyrcha gampwaith Saesneg drwy gyfrwng athrylith wahanol yr iaith Gymraeg, a'i bywyd idiomatig a throsiadol hi ei hun. Roedd datganiad Caradog Prichard yn 1973 – fod yr addasiad yn rhagori ar y gwreiddiol – yn un hynod o ddiystyr. Yr egni a dardd o waith llenyddol gwreiddiol mor unigryw yw'r union beth a'i gwna'n *werth* ei addasu yn y lle cyntaf. Ystyrier at hyn mor amlwg ddyledus oedd nofel fawr Prichard ei hun, *Un Nos Ola Leuad* (1961), hithau i *Under Milk Wood*. Oni bai fod *Under Milk Wood* yn llafur cariad yn y lle cyntaf – yn effro i rybudd oesol Robert Frost mai'r diffiniad o farddoniaeth yw'r 'hyn a gollir mewn cyfieithiad' – methu a wna hyd yn oed addasiad. Ni wnaeth unrhyw fersiwn gwerth chweil o unrhyw ddarn gwreiddiol gwerth chweil elwa o geisio bod yn 'welliant' cystadleuol.

Cyfatebiaeth – dyna yw'r nod. Rhyddhaodd T. James Jones ei law drwy wybod bod 'i bob cyfrwng ei fanteision a'i anfanteision'. Pwysig, felly, yw nodi i T. James Jones ei hun hepgor o'r fersiwn diwygiedig presennol o *Dan y Wenallt* y gerdd a luniodd i gyd-fynd â'i fersiwn cyntaf (1968) am na chytuna bellach â'r feirniadaeth ar Thomas a oedd ynddi:

Ni phryderodd ef fod iaith yn marw'n dawel yn y fro,
    a bod i hithau ei mynwentydd a'i marwolaeth.

Dewisais yr epigraff cyntaf ar ddechrau'r rhagymadrodd hwn
(o 'Return Journey') –

> *'Ydych chi wedi colli rhywbeth – dan yr eira?* … Oh, I see,
> English. Lost anything – under the snow?'

– er mwyn gwneud pwynt pwysig. Credaf yn gryf mai un o'r
pethau a sylweddolai'r bardd (mab afradlon y sgript, ar daith
yn ôl i'w wreiddiau) oedd arwyddocâd ei golled o ran yr iaith
Gymraeg – iaith ei deulu ac iaith gyntaf cynifer o'i ffrindiau
cynnar yn Abertawe. Teg, felly, yw parchu Thomas am greu
delwedd mor wych o'r golled honno, a rhoi hynny yn Gymraeg
hefyd – 'Y*dych chi wedi colli rhywbeth dan yr eira*?' Dyma
sylweddoliad – a chyffes.

Yn hytrach na dilyn y mynych ymosodiadau ar fywyd
personol Dylan Thomas y dyn, craffa T. James Jones yn ei
addasiad ar y gwaith ei hun. O ganlyniad, mae *Dan y Wenallt*
yn hyrwyddo cadoediad creadigol rhwng dwy iaith yn ogystal â
rhwng dau waith. Llwyddodd cyfieithiad Bryan Martin Davies o
A Child's Christmas in Wales yn 1978 i gyflawni rhywbeth tebyg,
er mewn gwaith byrrach a llai o lawer ei gwmpas nag *Under Milk
Wood*. Buasai'r cysyniad o 'gadoediad' rhwng y ddwy iaith wrth
fodd calon Thomas. Wedi'r cwbl, ef oedd yr un a soniodd, mewn
ymadrodd trawiadol, am 'the momentary peace that is a poem',
sef y digon a ddaw i unrhyw waith llenyddol yn ôl ei bwysau
celfyddydol ei hun.

Y mae *Dan y Wenallt* yn addasiad ysbrydoledig. Gwelir
hyn hyd yn oed wrth ddychmygu cyfieithu'r teitl. Y mae teitl
Thomas yn cynrychioli tir cyffredin llenyddol mawr. Y mae'n
tarddu'n ogleisiol o eiriau cyntaf cân Amiens yn *As You Like It*
Shakespeare ('Under the greenwood tree,/ who loves to lie with
me?', sy'n cynnwys gair amwys mwyaf cyson oes Shakespeare
– 'lie'). Defnyddiwyd y pedwar gair wedyn gan Thomas Hardy
yn deitl i'w nofel *Under the Greenwood Tree*. Wrth gwrs, fe all

unrhyw addewid o Iwtopia fod yn dwyllodrus, ond pleser yw gweld mor rhwydd y troir y teitl 'Under Milk Wood' yn 'Dan y Wenallt', mor naturiol gydnaws â'i gilydd ydynt hyd yn oed fel teitlau. Llwyddodd T. James Jones i gynnal yn gyson naws amwys y gwaith gwreiddiol yn y Gymraeg. Ar gyfer enw'r pentref fel y cyfryw, fe ddaliodd at 'Llareggub', bathiad hwyliog Thomas sydd (fel yn achos Iwtopia arall, *Erehwon* Samuel Butler) yn anadrôm neu *volvogram* – neu yn air 'Ianws', os ca' i ddweud – sy'n rhan o egni carnifalésg y gwaith, a dry'r byd tu-chwith-allan a thin-dros-ben. Yn 1954 teimlodd y cyhoeddwyr Dent yr angen i newid 'Llareggub' yn 'Llaregyb'. Efallai mai eironi mwyaf y gwaith yw fod sensoriaeth nerfus y byd metropolitaidd Saesneg bryd hynny wedi creu, ar ddamwain, enw sydd hyd yn oed yn fwy argyhoeddiadol Gymraeg – 'Llaregyb'. Gwnaeth T. James Jones benderfyniad da i lynu ato.

O geisio enw Cymraeg gwahanol ar bentref yn deillio o'r teitl Cymraeg ysbrydoledig *Dan y Wenallt*, byddai'n rhaid arfer 'Yr Allt Wen', a rhydd inni'r ad-drefniant 'Llety Nawr' – anagram sy'n agos at y foment hanesyddol honno o gariadlondeb syml, ac o bwysigrwydd perthyn a pherthynas, a fu mor angenrheidiol yng nghysgod yr Ail Ryfel Byd, y bomiau atomig a'r Holocost, y digwyddiadau annynol hynny y ceisiodd *Under Milk Wood* godi llais dynol yn eu herbyn.

* * *

'People in America,' meddai Alistair Cooke unwaith yn *Letter from America*, 'when listening to radio, like to lean forward; people in Britain like to lean back.' Hoffwn dybio y bydd gwrandawyr a darllenwyr Cymraeg fel ei gilydd yn awr yn *pwyso 'mlaen*, i bwrpas arall – sef i fwynhau'r amrywiaethau cyfeillgar sydd rhwng *Under Milk Wood* a *Dan y Wenallt*. Dyma gyfle gwych yn 2014, blwyddyn canmlwyddiant geni Dylan Thomas, i weld cryfderau dwy iaith fyw Prydain drwy'r fantais ddeublyg ddrud o fedru eu darllen ar wahân a'u hystyried ar y cyd.

Ni fu'n rhaid i'r gynulleidfa Americanaidd gyntaf oll honno yn Efrog Newydd yn 1953 dderbyn gan y bardd fwy nag addasiadau dros dro o ddyrnaid o dermau unigol. Er eu mwyn, trodd Thomas *parchs* yn 'preachers', *gippos* yn 'gypsies', *sago* yn 'dumplings', *doctored* yn 'neutered' a *workhouse* yn 'poorhouse'. Ond mater 'transatlantic' syml oedd hynny, nid un o 'translating'. Er mwyn ysbrydoli'r pum actor ifanc Americanaidd nerfus ond dewr a gytunodd i ymuno â'r byd-enwog ond diymhongar Dylan Thomas yn y ddau ddarlleniad cyntaf, rhoddodd Dylan iddynt un cyfarwyddyd syml yn unig, sef 'Love the words! Love the words!' Medrwn ninnau yn awr adleisio'i orchymyn a'i wahoddiad parthed addasiad gwych T. James Jones: *Cerwch y geiriau! Cerwch y geiriau!*

Dan y Wenallt

[Distawrwydd]

Llais Cyntaf [Yn dawel fach]

A dechrau yn y dechrau'n deg:
mae hi'n nos o Wanwyn yn y dref fach
ddileuad, ddiseren,
dywylled â beibl,
y strydoedd cobl yn ddistaw,
a gallt wargrwm y cariadon a'r cwningod
fel ar herc anweledig i lawr at y môr pygddu,
ddued ag eirin y fagddu,
lle mae'r cychod pysgota'n hen aflonyddu.
Mae'r tai mor ddall â gwahaddod,
(er fe wêl y gwahaddod yn burion heno,
yn y glynnoedd melfedaidd, trwyngul)
neu'n ddall fel y Capten fan draw'n cyfeillachu
â'r pwmp a'r cloc a'r siopau yn eu galar,
a'r Neuadd Les fel gweddw wylofus.
A chaewyd llen pob llygad tan amrannau trwm y nos.

Ust, mae'r plantos yn cysgu,
a ffarmwr, masnachwr, pysgotwr, pensiynwr, postman,
crydd, sgwlyn, meddwyn, tafarnwr, teiliwr, pregethwr, plisman,
yr ymgymerwr,
y cocs-fenwod traed hwyaden,
a'r gwragedd cymen.

Merchetach yn gorwedd mewn gwalau meddal,
neu'n llithro i freuddwydio modrwyon a ffrogiau priodas,
a magïod yn forynion
ar eiliau organyddol y gelltydd.
Bechgynnach yn breuddwydio drygioni,
yn marchogaeth y paith ar fwng y nos
neu'n hwylio'r faner ddu ar yr heli.
Delwau duon y ceffylau ynghwsg yn y caeau,
y da yn y beudái,
a'r cŵn ar fuarthau gwlych gan eu ffroenau;
ac mae'r cathod yn hepian yng nghorneli'r encilion
neu'n sleifio'n un llinyn ar y cwmwl o doeon.

Gallwch glywed y gwlith yn diferu, a'r dref ddistaw'n anadlu.

A'ch llygaid chi yn unig sy'n agored i weld
y dref fach bygddu ymhlyg yn ei chwsg trwm ac ysgafn.

A chi yn unig a glyw'r seren wib anweledig,
a mân-gyffro crych-wlithog y llanw llawn lledod
ym more bach yr awr dywyllaf
lle mae'r Arethusa a'r Curlew a'r Skylark,
y Zanzibar, y Rhiannon a'r Rover,
y Cormorant a'r Star of Wales
yn hepian wrth angor.

Clywch. Mae'r nos yn symud drwy'r strydoedd,
ar ymdeithgan urddasol y gwynt
yn Heol y Brenin a Lôn Cregyn,
a'r halen yn drwch ar yr alaw,
ym mhrifio'r borfa ar Fryncyn Llaregyb,
yn y gwlithyn sy'n cronni a'r seren sy'n chwalu,
ac yng nghwsg adar y Wenallt.

Clywch. Mae hi'n nos
yn y stacan o gapel anwydog,
yn amenio emynau
mewn bonet a brotsh a ffrog sidan fel brân,
coleri pilipala a chlymau lasys,
peswch fel gafrod, sugno mintos,
a chyntun bach esmwyth drwy'r haleliwia;
yn y dafarn, daweled â domino,
yn llofft Wili Llath fel llygoden mewn menig,
yn ffwrn Dai Bara, yn hofran fel fflŵr du.
Mae hi'n heno yn Lôn Asyn
yn trotian yn ddistaw
lawr y llawr cobl â gwymon ar ei charnau,
heibio i bot blodyn ac adnod a thlysau,
lluniau dyfrlliw o waith llaw,
seld sanctaidd a sgiw,
harmoniwm a chi tsieina,
a thun te rhosynnog.
Mae hi'n nos
yn nadu'n faldodus mewn llochesi babanod.

Edrychwch. Mae'r nos
ar ymdaith fud, dywysogaidd
rhwng ceirios y Coroni yn Heol y Brenin,
a menig am ddwylo dwys-wlithog plethedig
ei chwaon ym mynwent Bethesda;
yn twmblo wrth dafarn y Morwr.

Mae amser yn cerdded. Clywch.
Ddoe heddiw ac yfory a thrennydd a thradwy.
Clywch gerdded traed amser.
Dewch yn nes nawr.

Chi yn unig
a glyw'r tai yn cysgu yn y strydoedd,
yn llif distaw, hallt, linc-di-lonc y nos rwymedig.
Chi yn unig
a wêl, yn y llofftydd llennog,
y peisiau ar gadeiriau,
y jygiau a'r basinau molchi,
y dannedd yn y dŵr a'r Dengair Deddf ar y mur,
a lluniau deryn-dicw y meirw yn melynu.
Chi yn unig
a all glywed a gweld,
yng nghefn llygaid y breuddwydwyr,
gyffro a gwlad a drysfa a lliw
a siom ac enfys ac alaw ac awydd a ffoi
a chwymp a thrychineb
môr mawr eu breuddwydion.

O'r lle ry'ch chi, gallwch glywed eu breuddwydion.

Mae Capten Cat, y cyn-gapten dall, ynghwsg yn ei wely bync yng nghaban gorau, cragen-fôr, llong-mewn-potel cymen Tŷ Sgwner, yn breuddwydio am
                    foroedd na welwyd erioed mo'u tebyg yn golchi deciau ei SS Cydweli, *yn bolio dros ddillad y dowlad, ac yn ei sugno â phlwc slefren lithrig i halen du'r Dafi dwfn, lle bydd pysgod yn ei gnoi'n dameidiau hyd at ei asgwrn-tynnu, a'r morwyr a hen foddwyd yn trwyno ato …*

Y Cyntaf a Foddwyd
Wyt ti'n 'y nghofio i, Capten?

Capten Cat
Williams y Dawnsiwr!

Y Cyntaf a Foddwyd
Fe wnes i gam gwag yn Nantucket.

Yr Ail a Foddwyd
Weli di fi, Capten? Yr asgwrn gwyn yn siarad?
Fi yw Tom Fred y Tanwr … Fe sharon ni'r un
fenyw unwaith … Ei henw oedd Mrs Probert …

Llais Menyw
Rosie Probert, Hafan Glyd. Dewch lan, bois, ma'r
cnawd yn oer.

Y Trydydd a Foddwyd
Dal fi, Capten, fi Jona Jarfis, ges i ddiwedd ofnadw,
eitha neis.

Y Pedwerydd a Foddwyd
Alfred Pomeroy Jones, dan don o hunan-dyb,
ganed yn y Mwmbwls â llais fel llinos, dy lorio
â fflagon, tatŵs môr-forynion drosto'n drwch,
syched fel bustach, ei ladd â phothelli …

Y Cyntaf a Foddwyd
Y benglog wrth dy glust yw

Y Pumed a Foddwyd
Cwrlin Bifan. Dwed wrth Anti taw fi ddwgodd ei
hen gloc swanc …

Capten Cat
Ai, ai, Cwrlin bach.

Yr Ail a Foddwyd
Dwed wrth y wraig nad fi

Y Trydydd a Foddwyd
Nid fi wna'th beth wedodd hi wnes i ddim …

Y Pedwerydd a Foddwyd
Ie, ie, nhw wna'th

Y Pumed a Foddwyd
A phwy ddaw â siol a choconyt a pharot i
Ngwen *inne* nawr?

Y Cyntaf a Foddwyd
Shwt ma' hi lan 'na?

Yr Ail a Foddwyd
O's 'na rỳm a bara lawr?

Y Trydydd a Foddwyd
Bronne a robin frongoch?

Y Pedwerydd a Foddwyd
Consertina?

Y Pumed a Foddwyd
Cloch Ebeneser?

Y Cyntaf a Foddwyd
Wmla' a wynwns?

Yr Ail a Foddwyd
Adar y to a llyged y dydd?

Y Trydydd a Foddwyd
Penbwlied pot jam?

Y Pedwerydd a Foddwyd

Llath enwyn a milgwn?

Y Pumed a Foddwyd

Si hei lwli?

Y Cyntaf a Foddwyd

Golch ar y lein?

Yr Ail a Foddwyd

A hen rocesi'n y cwtsh?

Y Trydydd a Foddwyd

Shwt ma'r tenors yn Nowlais?

Y Pedwerydd a Foddwyd

Pwy, nawr, sy'n godro'r da ym Maes-gwyn?

Y Pumed a Foddwyd

Pan fydd hi'n gwenu, o's dimpls 'da hi?

Y Cyntaf a Foddwyd

Beth yw gwynt persli?

Capten Cat

O! Yr hen esgyrn annwl!

O'r lle ry'ch chi, gallwch glywed yn Lôn Cregyn, y nos ddileuad hon o wanwyn, y wniadyddes, Miss Price y Siop Losin, yn breuddwydio am

ei sboner, gyfuwch â thŵr cloc y dref, â'i fwng-Samson-surop-lliw-aur, ac anferthedd crasboethder ei gluniau; taranfollt, â dwyfronneg gregynnog, yn chwipio'r cocs â llygaid blowlamp, a chafnu dros ei photel-ddŵr-twym at ei chalon fach unig.

Mog Edwards

Myfanwy Price!

Miss Price

Mr Mog Edwards!

Mog Edwards

Ma' caru'n drysu drêpyr. Wy'n dy garu,
Myfanwy fach, yn fwy na'r fflanelét a'r calico,
a'r garthen a'r wlanen a'r mwslin a'r poplin a'r
gwinio a'r brodio yn holl deilwryddiaeth Cloth
Hall y byd. Dere 'da fi, i'r Emporiwm s'da fi ar
y bryn, lle ma'r arian yn hymian ar wifre tyn.
Gad dy socs bach llosg-eira a dy siaced wlanen
Cymru, a fe wresoga i'r gwely fel tostyr trydan.
Fe orwedda i'n dy ymyl fel cino dydd Sul …

Miss Price

Fe bwytha i bwrs glas n'ad-fi'n-ango, i ti ga'l
cadw dy arian yn gras. Fe dwyma i dy galon
o fla'n y tân, i ti ga'l ei chwato hi dan dy fest
ar ôl cau'r siop …

Mog Edwards

Myfanwy, Myfanwy, cyn i'r llygod bach roi'u
dannedd yn dy waddol, a ddwedi di

Miss Price

Gwnaf, Mog, gwnaf Mog, gwnaf gwnaf gwnaf …

Mog Edwards

A bydd holl glyche tils y dre yn canu ddydd ein
priodas.

[Sŵn tils arian a chlychau eglwys]

Dewch nawr gyda'r llif tywyll, ar hyd y stryd dywyll drwy'r nos dywyll sy'n chwarae si-so fel swnt, i atig fwll ddued â beibl siop y cobler, lle mae Llew Lleder yn cysgu'n ffyrnig o unig, a'i draed wedi'u clymu wrth odreon ei grys ag elastig. Breuddwydia am gwrso'r parau parod ar hyd gwely dwbwl gwyrddlas-gwsberis yr allt, chwipio meddwon o'r lloriau-blawd-llif, ac erlid y merched beiddgar balch o hunllef y dawnsfeydd ceiniog-a-dime.

Llew Lleder [yn uchel]

Ych a fi!
Ych a fi!

Mae Ifans Ange, yr ymgymerwr

Ifans Ange

yn cwrlo bysedd ei dra'd yn ei gwsg, ac yn
chwerthin gyfuwch nes dihuno hanner canrif
yn ôl, a gweld lluwchfeydd yn drwch yn y
cae-bach-dan-tŷ, a'i fam yno'n cwcan
pice-ar-y-mân yn yr eira. Mae'n rhedeg mas
i'r cae i ddwyn dwrned o blu eira a chwrens,
a dringo 'nôl i'w wely i'w byta'n oer o dan y
garthen wen, wresog. Mae'i fam yn dawnsio'n
y gegin-eira, yn llefen y glaw am ei chwrens.

Ac yn ei fwthyn llygaid-perchyll, drws nesa i'r ymgymerwr, y gorwedd Mr Waldo ar ei ben ei hunan – y cawr gordrwm gwirion, trapwr, barbwr, cathwr, doctor dail a doctor cwac – ei ddwylo tewion, pinc yn gledrau agored dros ymylon y cwilt-rhacs, ei sgidiau duon yn deidi yn y basin molchi, ei fowler ar hoelen uwchben ei wâl, potelaid o stowt a sleisen o bwdin bara oer o dan ei obennydd, ac yn ddiferol yn y fagddu, breuddwydia am

Mam

Un mochyn bach yn mynd i'r farced
Un mochyn bach yn aros gatre
Un mochyn bach yn cael cig eidon
Un mochyn bach heb gael dim tamed
Ac un mochyn bach yn mynd

Bachgen Bach

soch soch soch soch soch

Mam

bob cam adre at

Gwraig [yn sgrechen]

Waldo! Wal-do!

Mr Waldo

Ie, Blodwen fach?

Gwraig

Beth wede'r cymdogion, beth wede'r cymdogion …?

Cymdoges 1

Druan o Mrs Waldo

Cymdoges 2

Yn goffod ymdopi

Cymdoges 1

Mistêc o'dd priodi

Cymdoges 2

Ond o'dd rhaid iddi

Cymdoges 1

Fel ei mam.

Cymdoges 2

'Na ŵr ontefe

Cymdoges 1

Cynddrwg â'i dad

Cymdoges 2

A ni'n gwbod ble gwplws e

Cymdoges 1

Lan yr aseilam

Cymdoges 2

Yn llefen am ei fami.

Cymdoges 1

Bob dydd Sadwrn

Cymdoges 2

Dim bagal.

Cymdoges 1

A cario mla'n

Cymdoges 2

'Da'r hen Bîti Morus 'na

Cymdoges 1

Lan yn y cware.

Cymdoges 2

Welest ti'r babi?

Cymdoges 1

'Run drwyn ag e.

Cymdoges 2

O, ma' nghalon i'n gwaedu

Cymdoges 1

Wneith e unrhyw beth am gwrw

Cymdoges 2

Gwerthu'r pianola

Cymdoges 1

A'r mashîn gwinio

Cymdoges 2

Cwmpo i'r gwter

Cymdoges 1

Clebran â pholyn lamp

Cymdoges 2

A'r iaith!

Cymdoges 1

Canu'n y dybliw.

Cymdoges 2

Druan o Mrs Waldo.

Gwraig [yn ddagreuol]

O, Waldo, Waldo!

Mr Waldo

Hisht, cariad, hisht! Waldo'r gwidman odw i nawr.

Mam [yn sgrechen]

Waldo! Waldo!

Bachgen Bach

Ie, Mam?

Mam

O, beth wede'r cymdogion, beth wede'r …

Cymdoges 3

Sugno'r hwch

Cymdoges 4

Cnoco drwse

Cymdoges 3

Whalu ffenestri

Cymdoges 4

Tin-droi'n y bwdlac

Cymdoges 3

Dwgyd cwrens

Cymdoges 4

Geire brwnt

Cymdoges 3
Ei weld e'n y llwyni

Cymdoges 4
Yn whare mochyns.

Cymdoges 3
I'r gwely ag e heb damed o swper.

Cymdoges 4
Dos o senapods a'i gloi e dan stâr.

Cymdoges 3
Bant ag e at Bwci Bo

Cymdoges 4
Bant ag e at Bwci Bo

Gyda'i Gilydd
Ei walpo fe'n bwlpyn ar ei bi-en-ôl.

Mam Arall [yn sgrechen]
Waldo, Wal-do! Beth ti'n neud i Mati ni?

Bachgen Bach
Dere â cusan, Mati Richards.

Merch Fach
Dere â ceinog 'te.

Mr Waldo
Dim ond dime s'da fi.

Menyw 1
Ma' cusan yn geinog.

Pregethwr
A fynni di'r fenyw hon Mati Richards

Menyw 2
Dulcie Prothero

Menyw 3
Ffani Bifan

Menyw 4
Lili Login

Menyw 5
Mrs Biwla

Gwraig
Blodwen Bowen

Pregethwr
yn wraig briod gythreulig i ti?

Bachgen Bach [yn sgrechen]
Na, na, na!

Nawr yn ei gŵn nos crinolîn gwyngalchog, dihalog, dan gynfasen burlan, eiraog, yn ei stafell wely deidi dwt ddi-lwch yng ngwesty Trem y Gilfach ym mhen ucha'r dre, tŷ i westeion talu-lawr, mae Mrs Ogmor-Pritchard, gweddw ddwbl Mr Ogmor carpedi'n-methu-gwerthu, a Mr Pritchard bwci'n-methu-talu – ill dau wedi'u drysu gan y sgrwbo a'r sheino a'r dwsto, grŵn hwfer a thawch polish, a lyncasant ddisinffectant – yn troi yn ei chwsg dilychwin ac yn

ysgwyd esgyrn y diweddar Mr Ogmor a'r diweddar Mr Pritchard fel
mewn beddau agored o bobtu.

Mrs Ogmor-Pritchard
Mr Ogmor!
Mr Pritchard!
Mae'n bryd i chi lyncu'ch wermwd.

Mr Ogmor
O! Mrs Ogmor!

Mr Pritchard
O! Mrs Pritchard!

Mrs Ogmor-Pritchard
Cyn hir, bydd hi'n bryd i chi godi.
Rhestrwch eich tasgau, yn eu trefn.

Mr Ogmor
Cadw'r pyjamas yn nrâr y pyjamas.

Mr Pritchard
Cymryd bath oer sy'n neud lles i fi.

Mr Ogmor
Rhoi'r bandyn gwlanen i atal riwmatic.

Mr Pritchard
Dilladu o'r golwg a gwisgo'r ffedog.

Mr Ogmor
Whwthu 'nhrwyn

Mrs Ogmor-Pritchard
yn yr ardd, os gwelwch yn dda

Mr Ogmor
i bapur sidan a'i losgi wedyn.

Mr Pritchard
Dos o gascara i glirio'r mysgaroedd.

Mr Ogmor
Berwi pob diferyn o ddŵr cyn ei yfed.

Mr Pritchard
Neud 'y nhe dail sy'n rhydd o bob tannin

Mr Ogmor
a chymryd bisgïen fach siarcol sy'n dda i fi.

Mr Pritchard
Wy'n ca'l un bibed o foddion asthma

Mrs Ogmor-Pritchard
yn y sièd goed, os gwelwch yn dda.

Mr Pritchard
A dwsto'r parlwr a spreio'r caneri.

Mr Ogmor
Rhoi menig rybyr cyn whilo whain ar y pecinî.

Mr Pritchard
Dwsto'r llenni a wedyn eu codi.

Mrs Ogmor-Pritchard

A chyn i'r haul dywyllu'r trothwy, mynnu ei fod yn sychu'i draed.

Mae merch Beynon y Bwtsiwr, Meinwen Mai Beynon, athrawes, yn ffereta'n garcus dan gnwcyn crynedig o blu ieir ei breuddwyd, mewn lladd-dy â llenni chintz a swît dridarn, ac yn canfod, heb syndod, greadur garw, parod yr olwg, â chynffon flewog yn wincio mewn cwdyn papur.

Organ Morgan

Help,

gwaedda Organ Morgan, yr organydd, yn ei gwsg,

> ma' 'na dryblith a miwsig yn Heol y Brenin!
> Holl wragedd y dref yn clegar fel gwydde,
> a'r babis yn canu opera. Ma' PC Atila
> Rhys yn dangos ei bastwn, ac yn whare
> cadensas wrth y pwmp; ma'r da ar Ddôl Sul
> yn tincial fel clyche ceirw; ac ar do Handel
> Villa, ma' Sefydliad y Menwod yn dangos
> eu blwmyrs, wrth ganu'n iach ar y lleuad.

Meinwen Mai Beynon

O'r diwedd, 'y nghariad i

ochneidia Meinwen Mai Beynon. Siglo'n ddigywilydd wna'r gynffon flewog.

Ym mhen isa'r dref, ym min y môr, fe gwsg Mr a Mrs Ffloyd y Cocs, ddistawed ag angau, ais wrth ais, crych yng nghrych, hallt, brown a di-ddannedd, fel dau hen giper mewn bocs.

A lan fan draw yn Ffarm Llynhalen, fe rifa Mr Eben Watkins, ar hyd y nos, ei ddefaid sy'n neidio'n sang-di-fang dros y perthi ar y bryn, gan wenu a gweu a brefu yn union fel Mrs Eben Watkins.

Eben Watkins [yn dylyfu gên]
Un ar hugen, dwy ar hugen, naw a deugen,
pedwar ugen . . .

Mrs Eben Watkins
Gweu un slipo un
Gweu dou 'da'i gilydd
Croesi'r slip o'r nodwydd …

[Mae Mrs Eben Watkins yn brefu]

Mae Wili Llath, wedi boddi'n ei gwsg yn Lôn Cregyn, yn arllwys ei la'th i afon Dewi

Wili Llath [yn sibrwd]
heb gyfri'r gost,

ac yn wylo fel angladd.

Cwyd Ceiriog Owen, drws nesa, beint at ei wefus, ond ddaw dim ohono. Mae'n ysgwyd y peint. Try hwnnw'n bysgodyn. Yf y pysgodyn. Mae PC Atila Rhys

Atila Rhys
yn bustachu'n y dowlad, heb agor ei lyged ac
ar dagu'n ei gamdwll, yn ymbalfalu am ei
helmet dan y gwely. Ond 'nôl yng nghelloedd
iard-gefen ei gwsg fe glyw hen lais bach mên
yn murmur,

Llais [yn sibrwd]
Ti'n siŵr o ddifaru am hyn bore fory,

Atila Rhys
a'i halio'i hunan 'nôl i'r gwely.
Mae'i helmet yn sopen-shwps yn y fagddu.

.

Lan y stryd fe â Jacyraca'r postman ar dramp ddeuddeng milltir
yn ei gwsg i gario'r post yn ôl ei arfer bob dydd o'r nos, gan guro rat-
a-tat ar Mrs Jacyraca.

Mrs Jacyraca
Peidwch â 'nghosbi i, athro, plis,

yw ple ei wraig yn ei ymyl, ond bob nos o'i bywyd priodasol fe ddaeth
hi'n hwyr i'r ysgol.
Yn llofft fach tafarn y Morwr uwchben y bar, mynwesa Sinbad y
Morwr ei obennydd llaith, a'i enw dirgel yw Meinwen Mai Beynon.
Deil bwli Lili Bwt yn y golchdy.

Lili Bwt
O! Yr hen fwli!

Ac yn Rose-Cottage mae Mae, y ferch hynaf, yn digroeni ei
chnawd pinc a gwyn mewn ffwrnais mewn ogof mewn tŵr mewn
gallt i ddisgwyl yn grasboeth i Mister Iawn neidio lan o'r pant berw
a thasgu'r dail fel brithyll llithrig.

Mae Rose-Cottage
[yn wresog iawn ac yn godro'r geiriau]
O rho dy ben ar fy mynwes
A galw fi'n Dolores.

Yn unig, druan, hyd ddydd ei harwyl, mae'r forwyn fach, Besi
Benfras, a fagwyd mewn wyrcws, sy'n drewi fel beudy, yn chwyrnu
drymed â bas surbwch ar wely o wellt yn llofft stabal Llynhalen, gan
bigo tusw o lygaid y dydd ar Ddôl Sul, i'w roi ar fedd Gomer Owen, a'i
cusanodd unwaith ar bwys y twlc mochyn pan nad oedd hi'n dishgwl,
ac nas cusanodd byth wedyn, a hithau'n dishgwl drwy'r amser.

Ac fe ddisgyn Archwilwyr Creulonderau yn ddisymwth ar
freuddwyd Mrs Beynon y Bwtsiwr, i erlid Mr Beynon am werthu

Mr Beynon
cig gwdihŵ, llyged cŵn, sbaribs dynion.

Mae Mr Beynon, mewn ffedog waedlyd, yn sboncio lawr Heol
y Brenin, â bys rhyw druan arall yn ei geg. Yn sifil yn ei gysgu ci-
bwtsiwr, fe dynn goes ei freuddwyd ac

Mr Beynon
wrth hela ar gefen hwch, saetha'r llengig gwyllt yn
gelen.

Organ Morgan [yn uchel a thyner]
Help!

Meinwen Mai Beynon [yn dyner]
'Y nghadno annwyl.

Nawr tu cefn i lygaid a chyfrinachau'r breuddwydwyr ar y stryd
a suwyd i gysgu ger y lli, gwelwch y manion a'r sangdifangion, poteli,
botymau, bagiau a bachau, lludw a philon a dandryff ac ewinedd, a
phoer a phlu eira, breuddwydion wedi-bwrw'u-plu, ac oilach morfil
a llaeth mwnci, a chwalc a chranc a chregyn ac esgyrn, wedi'u gweini
gan yr heli cudd.

Mae'r gwdihŵs yn hela. Edrychwch, uwch beddau Bethesda, mae un yn tw-hwtian ac yn plymio i ddal llygoden fach ger Hannah Rees, Annwyl Briod. Ac yn Heol y Brenin, lle y gallwch chi yn unig weld mor dywyll yw hi dan y capel fry, try'r Parchedig Eli Jenkins, bardd-bregethwr, yn ei drymgwsg-tua'r-wawr, i freuddwydio am

Parch. Eli Jenkins

Eisteddfodau.

Odla'n gymhleth i gyfeiliant crwth a phibgorn ar hyd yr hirnos, mewn gŵn nos gwisg yr orsedd mewn pabell gwrw sy'n pingo o barchedigion.

Mae Mr Puw y sgwlyn, yn eigion ei gwsg, yn proffesu cysgu, a chan bipo'n slei o dan nychdod ei gap nos,

Mr Puw

Pssst!

sibryda

Mwrdwr.

Dyhead Mrs Organ Morgan Siop y Groser, yn ei phlyg llwyd fel pathew, a'i phalfau am ei chlustiau yw

Mrs Organ Morgan

Tawelwch.

Fe gwsg ym melyster ei chilfach wlân, a'r Organ Morgan utganol, wrth ei hochr, yn chwyrnu ddistawed â chorryn.

A breuddwyd Meri Ann y Morwr yw

Meri Ann y Morwr
Gardd Eden.

Fe ddaw yn ei smoc a'i chlocs

Meri Ann y Morwr
o lorie llawr-cobl claer, claear y gegin, lle ma'
llunie Sabothol ar y murie gwyngalch, ac
almanac Gwalia yn gwylio'r tymhore uwchben
sgiw, a bacwn yn crogi o'r bache, i gerdded
hyd lwybre cregynnog yr ardd darten fale,
mynd i'w chwman o dan y pegs jipsiwns, ei
smoc yn drysu'n y llwyn cwrens duon, heibo
i'r rhych ffa a'r pâm wynwns a'r tomatos yn
cochi ar y wal dalcen, at henwr sy'n whare'i
harmoniwm yn y berllan, cyn ishte ar ei bwys
ar y borfa a masglo'r pys sy'n tyfu drwy
arffed y smoc, sy â'i godre'n y gwlith.

*Yn Lôn Asyn, dan gen trymgwsg, mae Dai Bara, Poli Gardis,
Dai Di-ddim a Syr Wili Watsh yn ochneidio o flaen y wawr sydd ar
dorri, ac yn breuddwydio am*

Dai Bara
Rhocesi o Dwrci. Ar eu cefne.

Poli Gardis
Babis.

Dai Di-ddim
Dim byd.

Syr Wili Watsh
Tic toc tic toc tic toc tic toc.

Mae amser yn cerdded. Clywch gerdded traed amser.
Hed gwdihŵ uwch Bethesda i'w chapel yn y deri.
Ac mae'r wawr ar dorri.

[Un nodyn cloch o bell, yn atseinio'n isel am dipyn.]

Safwch ar y bryncyn hwn. Dyma Fryncyn Llaregyb, hen fel mynyddoedd, uchel a glwys a glas. Ac o'r cylch hwn o gerrig, a wnaethpwyd nid gan dderwyddon ond gan Bili Mrs Beynon, fe welwch y dref fach yn cysgu yng nghlais y wawr.

Fe glywch sguthanod serch-ddolurus mewn gwelyau yn griddfan, a chyfarth rhyw gi yn ei gwsg ar glos, bellter bant. Mae'r dref yn crychu fel llyn dan y tarth sy'n dihuno.

LLAIS TEITHLYFR

Less than five hundred souls inhabit the three quaint streets and the few narrow bylanes and scattered farmsteads that constitute this small, decaying watering-place which may, indeed, be called a 'backwater of life' without disrespect to its natives who possess, to this day, a salty individuality of their own. The main street, Hiol E Brenyn, consists, for the most part, of humble two-storied houses many of which attempt to achieve some measure of gaiety by prinking themselves out in crude colours and by the liberal use of pinkwash, though there are remaining a few eighteenth-century houses of more pretension, if, on the whole, in a sad state of disrepair. Though there is little to attract the hillclimber, the healthseeker, the sportsman, or the weekending motorist, the contemplative may, if sufficiently attracted to spare it some leisurely hours, find, in its cobbled streets and its little fishing harbour, in its several curious customs, and in the conversation of its local 'characters', some of that picturesque sense of the past so frequently lacking in towns and villages which have kept more abreast of the times. The river Dawy is said to abound in trout, but is much poached. The one place of worship, with its neglected graveyard, is of no architectural interest.

[Cân ceiliog]

Llifa'r wawr erbyn hyn, ar draws tywysogaeth yr awyr a thros ein bryncyn glas, ac mae'r bore o wanwyn yn drydar a chogor ac yn glychau i gyd.

[Cnul cloch]

Pwy sy'n tynnu wrth raff cloch neuadd y dref, pwy ond yr hen Gapten dall? Fesul un ac un, geilw pob cysgadur trwm o'i gwsg, y bore newydd hwn, fel pob bore. A maes o law fe welwch o'r simneiau eira araf yn esgyn, ar ôl i'r Capten, mewn cap a sgidiau morwr, gyhoeddi ei bod hi'n heddiw. Heddiw! O'r-gwely-'na-ar-unwaith-ar-unwaith-ar-unwaith!

Ym Mans Bethesda mae'r Parchedig Eli Jenkins yn ymbalfalu o'i wely i'w ddillad parch, yn cribo'i wallt barddoni gwyn, yn anghofio molchi, ac yn fflip-fflopan yn droednoeth i agor drws y ffrynt. Saif ar y rhiniog i edrych mas ar y dydd ac ar y bryncyn tragwyddol, a chan glywed clegar yr adar a'r môr rhwyfus, cofia'i benillion, i'w hadrodd nhw'n ddistaw gerbron palmant gwag Heol y Brenin, sy'n codi, ac yn codi ei llenni.

Parch. Eli Jenkins

O, Walia! Mae ardaloedd
Sy'n dlysach eu dyffrynnoedd;
Harddach ydynt na'r fro hon
O dan dy lon fynyddoedd,

Lle ceir dolydd mwy cyfoethog
Lle ceir gelltydd mwy toreithiog
A phrydydd gwell i lunio cân
I'w henfro lân ar fore heulog.

Mae'r Wyddfa'n ogoneddus,
Pumlumon yn rhamantus,
Mae min ar greigiau Penmaen-mawr
A chawr yw Cader Idris.

Ond yma, 'sdim rhyfeddod.
Bryn bach fel pridd gwahaddod
A gallt a thwyn a stryd a llan,
Yn grochan i gorachod.

Gwn am Sawdde, Dyfrdwy, Dyfi,
Cleddau, Aled, Taf a Senni,
Llyfnant, Claerwen, Teifi, Ogwr,
Nedd ac Eden, Gwili, Tywi.

Ond cyn i'r awen hon ddistewi
Mae 'na orchwyl i'w gyflawni,
Sef rhoi clod i'r un anwylaf,
Afon Dewi, hi a folaf.

Bach oedd Dewi ddydd ei geni,
Bach yw Dewi yn ei gwely,
Bach fydd Dewi rhwng ceulannau
Ar ei thaith i gladdfa'r tonnau.

Mae oedran mawr ar Garreg Cennen,
Mae oedran mwy ar wraidd 'rhen dderwen,
Ond ni ddaw neb i ofyn oed
Y dreflan fach o dan y coed.

Ac yn ymyl creigiau'r Penrhyn,
Digon bach yw Trwyn Sgadenyn
Lle daw'r wylan o'r cae aredig
At ei chraig i fod yn unig.

Ond mae clywed hedd y llwybrau
A Dewi'n canu rhwng ei glannau
Ac oedi ennyd yn Nôl Asyn,
I hen enaid trwm yn foethyn.

A 'ngweddi daer o fro Llaregyb
Atat Ti, yr Un a'i hetyb,
Yw am gael aros heb heneiddio
Yn y ddigyffelyb henfro.

Mae'r Parchedig Jenkins yn cau drws y ffrynt. Daeth ei gwrdd bore i ben.

[Cnul cloch]

Cwyd-y-pwdryn-rho'r-tegell-ar-tân! yw dyfal donc yr hen gloch. *Ac wedi deffro o'r diwedd o ganol ei breuddwyd am bwysigyn o'r palas a fu'n cellwair chwarae â hi drwy hirnos y Wenallt dywyll, fe ddaw Lili Bwt, trysor Mrs Beynon y Bwtsiwr, i roi'r tegell ar y preimys yng nghegin Mrs Beynon, ac wrth sefyllian o flaen glàs siafo Mr Beynon uwchben y sinc, fe wêl*

Lili Bwt
O! 'Na wep!
Ble gest ti'r gwallt 'na?
'Da'r cwrcyn, wrth gwrs.
Rho fe 'nôl 'te, bach.
O! 'Na byrm!

'Da pwy gest ti'r trwyn 'na, Lil?
Ei ga'l e 'da Dadi, dwpsen!
Ma'i ben e sha lawr!
O! 'Na gonc!

Edrych ar dy gro'n!
O, na, edrych di!
'Mbach o baent sy isie …
Feil sy isie!
O! 'Na bishyn!

Ble gest ti'r wên 'na, Lil?
Minda dy fusnes, ferch.
'Sneb yn caru ti.
'Na beth wyt *ti'n* feddwl.

Pwy sy'n caru ti?
Sa i'n gweud.
O, dere, Lil.
'Wedi di ddim?
Folon marw …

*Ac yn ddistaw bach, â'i gwefusau ar gusanu'i llun ei hunan,
gollynga'r enw i niwl y glàs siafo.*

        Mrs Beynon [yn uchel oddi uchod]
Lili!

        Lili Bwt [yn uchel]
Ie, misys …

        Mrs Beynon
Ble ma' 'nhe i, ferch?

Lili Bwt

[Yn isel] Ble chi'n feddwl? Ym mocs y gath?

[Yn uchel] Dod, misys …

Yn Nhŷ'r Ysgol gyferbyn, mae Mr Puw yn cario te i Mrs Puw, ac yn sibrwd ar y stâr:

Mr Puw

Dyma'ch arsenic, cariad,

A'ch bisgïen lladd chwyn.

'Wy wedi tagu'r paracît.

Wedi poeri'n y jwge.

Wedi rhoi caws yn y twlle llygod.

Dyma'ch …

        [Drws yn gwichian agor]

        … te neis, cariad.

Mrs Puw

Gormod o siwgur.

Mr Puw

Tastwch e gynta, cariad.

Mrs Puw

Gormod o la'th, 'te. Ody Mr Jenkins wedi gweud ei bishyn?

Mr Puw

Ody, cariad.

Mrs Puw

Mae'n bryd codi, 'te. Dewch â'r glasys. Na, dim y glasys *darllen*. 'Wy am edrych mas. 'Wy am weld

Lili Bwt y trysor ar ei gliniau coch yn golchi'r trothwy.

Mrs Puw

Ma' hi wedi bwndlo'i ffrog yn ei blwmyrs. O! 'Na
slwten!

*Mae PC Rhys, traed fel badau, ac fel eidion o lydan, yn clindarddach
mas o Glinc-y-bobi mewn tymer tarw, a'i dalcen du, cuchiog, dan ei
helmet wlych …*

Mrs Puw

Ma' fe'n mynd i aresto Poli Gardis, gewch chi weld.

Mr Puw

Am beth, cariad?

Mrs Puw

Am blanta.

… ac yn bustachu i gyfeiriad y traeth i weld a yw'r môr yno o hyd.
   *Egyr Meri Ann y Morwr ffenest y llofft uwchben y bar a
chyhoeddi bob cam i'r nef:*

Meri Ann y Morwr

wy'n bump a phedwar ugen mlwydd tri mis
a diwrnod!

Mrs Puw

Ma' rhaid i fi weud hyn amdani, so hi byth yn
neud mistêc.

   *Mae Organ Morgan, ar sil ffenest ei stafell wely, wrthi'n
cordio rhegfeydd gwylanod y bore, ac wrth heclo uwchben Lôn
Asyn, fe welant:*

Dai Bara

Fi, Dai Bara, yn hastu i'r popty, a chwt 'y nghrys
i mas, yn bwtwmo 'ngwasgod, diawl 'na fwtwm
arall wedi hedfan, pam na allan nhw'u gwinio nhw,
dim amser i frecwast, dim byd *i* frecwast, 'na
wragedd i chi …

Mrs Dai Bara Gwyn

Fi, Mrs Dai Bara Gwyn, cap am 'y mhen, siol
am 'y ngwar, a dim am 'y nghanol, ma' hi'n neis
bod yn gyffwrddus, ma' hi'n neis bod yn neis,
yn clymhercan ar y cobls i alw cymdoges. O, Mrs
Sara, allwch chi sbario torth, cariad? Ma' Dai Bara
wedi anghofio'r bara … On'd yw hi'n fore lyfli!
Shwt ma'ch cornwd chi heddi? … O, 'na gwd,
ontefe? Ma' hi'n neis ca'l ishte lawr. Ta, Mrs Sara.

Mrs Dai Bara Brown

Fi, Mrs Dai Bara Brown, clatsien o fenyw
ddansherus yn 'y mhais sidan, sgarlad, uwch na
'mhenlinie, penlinie brwnt, pert, shgwla ar 'y
nghnawd sy mor frown â mwyaren o dan 'y mhais,
sodle main ac un sawdl ar goll, crib cragen-crwban
yn 'y ngwallt melfed, llithrig, llachar, dim byd arall
amdana i o gwbwl, dim ond dab o sent, yn falch
o ga'l neud siew wych o'n hunan ar y trothwy,
fe weda i dy ffortiwn yn y dail te, yn gwgu ar yr
heulwen, yn tano 'mhib.

Syr Wili Watsh

Fi, Syr Wili Watsh, yn hen got-a-chwt Eli Jenkins
a throwser postman o Jymbl Bethesda, yn
rhedeg mas i ddiwel slops – sa' 'nôl, Rover! – a
wedyn, rhedeg miwn 'to, tic toc.

Dai Di-ddim

Fi, Dai Di-ddim, yn neud mwy na dim yn y golchdy.

Miss Price

Fi, Miss Price yn 'y mrat cotwm print, yn ddeche
â'r lein ddillad, mor deidi â dryw bach, cyn mynd
'nôl pit-a-pat at yr wy yn ei wlanen, a'r bysedd-tost
cras, a'r jam eirin cartre a'r brinten fach o fenyn.

Poli Gardis

Fi, Poli Gardis, dan y lein ddillad yn rhoi bron
yn yr ardd i'r babi newy' sbon. 'Sdim byd yn tyfu
fan hyn ond dillad ar y lein. A babis. A ble ma'u
tade nhw'n byw, cariad? Draw dros y bryn yn
bell, bell bant. Wyt ti'n edrych lan arna i nawr,
yn driflo yn dy la'th, druan. 'Wy'n gwbod beth ti'n
weud, 'y mach i. Bo' ti ddim tamed gwell na
ddylet ti fod, Poli. A ma' hwnna'n ddigon da i fi.
O! On'd yw byw yd yn ofnadw — diolch i Dduw!
[Un nodyn hir gan gôr meibion]

Clywch ffreipanau yn poeri, a'r tegellau a'r cathod yn canu grwndi yn y ceginau. Ac mae'r dref yn drwch o dawch gwymon a brecwast bob cam o Drem y Gilfach, lle mae Mrs Ogmor-Pritchard, mewn tyrban a ffedog, yn sgubell anferth i ymdopi â'r llwch, yn pigo'i bara haidd a sugno'i the lemwn, i lawr at y Bwthyn lle mae Mr Waldo, mewn bowler a bib, yn conio'r stiw a'r cipers ac yn drachtio o'r botel sos. Mae Meri Ann y Morwr

Meri Ann y Morwr

yn moli Duw am greu porej.

Mr Puw

Mr Puw
yn rhoi darne o làs yn resipi'r omlet.

Mrs Puw

Mrs Puw
yn plago'r pot halen.

Mae Jacyraca'r postman

Jacyraca
yn traflyncu'r bwceded ola o'r te breci a rwmblan
mas ar goese bandi i'r beili broc lle ma'r ieir yn
twitsian a chonan am eu slops-bara-te.

Mae Mrs Jacyraca

Mrs Jacyraca
hyd at ei genau mewn te, yn gori a byrlymu uwchben
ei chwfen o degellau sy'n hisian ar y pentan poeth,
bob amser yn barod i agor llythyron.

Mae'r Parchedig Eli Jenkins

Parch. Eli Jenkins
wedi cael odl, ac yn dipo'i nib yn ei goco.

Mae Syr Wili Watsh yn ei gegin tic toc

Syr Wili Watsh
yn sgathru o gloc i gloc, allweddi yn un llaw a
phenci yn y llall.

Mae Capten Cat yn y gali

Capten Cat
â'i lyged yn ei fysedd yn llwyr flasu'r pysgodyn.

Ac mae Mr a Mrs Ceiriog Owen ar eu haelwyd yn Lôn Asyn sy'n stafell wely, cegin, parlwr a sgyleri, yn bwyta swper neithiwr i frecwast – wynwns wedi'u berwi'n eu crwyn, a chawl tato a chroen bacwn a chennin ac esgyrn.

Mrs Ceiriog Owen
Weli di'r blotsh 'na ar y wal ar bwys llun Anti Fflo?
Fan 'na dowlest ti'r sego.
     [Mae Ceiriog Owen yn chwerthin yn iachus]
Dim ond 'yn sgapo i wnest ti.

Ceiriog Owen
'Wy wastod yn sgapo Anti Fflo 'fyd.

Mrs Ceiriog Owen
Wyt ti'n cofio neithiwr? Miwn y rholiest ti, 'machan I,
mor feddw â diacon, â bwceded o bysgod, a
basgeded o stowt, a fe edrychest ti arna i, a fe
wedest ti, 'Ma' Duw wedi dod gatre,' wedest ti,
a wedyn fe faglest yn gorlac dros ben y bwced,
cyn cwmpo'n garlibwns. A'r iaith! A'r llawr yn
llyswennod a fflagons i gyd.

Ceiriog Owen
Ges i ddolur?

Mrs Ceiriog Owen
A wedyn fe dynnest dy drowser a gweud, 'O's
rhywun isie ffeit?' O! Yr hen fabŵn!

Ceiriog Owen

Dere cusan.

Mrs Ceiriog Owen

A wedyn fe ganest 'Aberystwyth', tenor a bas.

Ceiriog Owen

'Wy wastod yn canu 'Aberystwyth'.

Mrs Ceiriog Owen

A wedyn fe ddansest ar y ford.

Ceiriog Owen

Do fe?

Mrs Ceiriog Owen

Folon marw!

Ceiriog Owen

A wedyn beth wnes i?

Mrs Ceiriog Owen

Wedyn fe lefest fel babi a gweud taw amddifad
bach meddw o't ti, heb unman i fynd ond y bedd.

Ceiriog Owen

A beth wnes i wedyn, 'y mlodyn i?

Mrs Ceiriog Owen

Danso 'to ar y ford, a gweud taw ti o'dd y Teyrn
Solomon Owen, a taw fi o'dd dy Fisys Shîba.

Ceiriog Owen [yn dyner]

A wedyn?

Mrs Ceiriog Owen
A wedyn fe lusges i ti i'r gwely, i ddrewi trw'r
nos fel hen fragdy.
[Mae Mr a Mrs Ceiriog Owen yn
cydchwerthin yn iachus]

Afu a wynwns sydd i frecwast yn siop Beynon y Bwtsiwr, yn Heol
y Brenin, a'r tawch yn tin-droi cyn ffoi drwy'r ffenest, â wynwns ar ei
anadl. A chlywch! Yn y gegin fach dywyll yng nghefn y siop, mae Mr
a Mrs Beynon, a'r trysor yn eu tendo, yn mwynhau, bob yn gnoiad,
eu hylabalŵ boreol, a Mrs Beynon yn taflu'r sgraps o dan ford i'r
gath wancus.

[Grwndi cath]

Mrs Beynon
Ma' hi'n lico'r afu, Ben.

Mr Beynon
Fe ddyle hi, Bes. Un ei brawd yw e.

Mrs Beynon [yn sgrechen]
O! Glywest ti 'na, Lil?

Lili Bwt
Do, misys.

Mrs Beynon
Ŷn ni'n byta cwrcyn!

Lili Bwt
Odyn, misys.

Mrs Beynon

O! Yr hen gathwr!

Mr Beynon

Wedi'i sbaddu, cofiwch.

Mrs Beynon [yn wyllt]

Pwy wa'nieth yw hynny?

Mr Beynon

Ddo', fe gelon ni wahadden.

Mrs Beynon

O Lili, Lili!

Mr Beynon

Dy' Llun, dwrgi. Dy' Mowrth, llyg.

[Mae Mrs Beynon yn gwichal]

Lili Bwt

'Na fe, Mrs Beynon. Fe yw'r celwyddgi mwya'n y dre.

Mrs Beynon

Paid ti â mentro gweud 'na am Mr Beynon.

Lili Bwt

Ma' pawb yn gwbod 'ny, misys.

Mrs Beynon

So Mr Beynon byth yn gweud celwy'. On' nag wyt ti, Ben?

Mr Beynon

Nagw, Bes. A nawr, wy'n mynd mas ar ôl y corgis,
â 'milwg bach!

Mrs Beynon

O Lili, Lili!

*Lan y stryd yn nhafarn y Morwr mae Sinbad y Morwr, ŵyr Meri
Ann y Morwr, yn tynnu peint yn y bar heulog. Mae hi'n hanner awr
wedi un ar ddeg ar y cloc yn y bar. Hanner awr wedi un ar ddeg yw
amser agor y bar. Bu bysedd y cloc yn llonydd ar hanner awr wedi
un ar ddeg am hanner can mlynedd. Mae hi bob amser yn amser
agor yn y Morwr.*

Sinbad

Iechyd da i fi, Sinbad.

*Ym mhob cwr o'r dref clywch sŵn glanhau babis a hen ddynion,
a'u planiia mewn prams wedi torri a'u troi mas i'r haul ar y cobls
cocsog, neu i'r cefn o dan y lein ddillad, a'u gadael. Mae babi'n llefen.*

Hen Ŵr

Wy'n moyn 'y mhib a ma' fe'n moyn ei botel.

[Cloch ysgol]

*Sycha-dy-drwyn, cartha-dy-gluste, criba-dy-wallt, golcha-dy-
ddwylo, a bagla-hi-i'r-ysgol!*

[Lleisiau plant, yn codi a gostwng]

*Llusga'r pysgotwyr, yn anfoddog, at eu rhwydi. A mas yn y dingi
Zanzibar, mae Dai Di-ddim yn gorffwys ar ei rwyfau, ac wrth
fynd gyda'r llif yn ddioglyd o grych i grych yn y bae llawn lledod a*

gorweddian ar ei gefn yn y dingi gwlyb ymhlith coesau crancod a
leiniau wedi cafflo, sylla i gyfeiriad y gwanwyn yn y nef, a dweud,

Dai Di-ddim [yn dawel a diog]
'Sda fi'm clem pwy sy' lan 'na, a 'sdim ots 'da fi.

Try i edrych at Fryn Llaregyb, a gweld, ymhlith wablin gwyrdd
y gwŷdd, dai gwynion y ffermydd wedi'u bwrw'n blith draphlith ar
y bryniau draw, lle mae gweision yn chwibanu, cŵn yn gweiddi,
da yn brefu, ond yn rhy bell iddo ef nac i chi eu clywed. Ac yn y
dref, mae'r siopau yn cintachu agor. Ar riniog Manchester House,
mewn hat wellt a choler pilipala, craffa Mr Edwards ar y llusgwyr
traed, a'u mesur am grys gwlanen neu amdo neu flowsen flodeuog, a
gweiddi rhyngddo ag ef ei hunan yn y mwrllwch yng nghefn ei lygad:

Mog Edwards [yn sibrwd]
Wy'n caru Miss Price.

Mae'r Post yn gwerthu surop, a rhyw gar yn mynd am y farced
yn llawn ffowls a ffarmwr, a tshyrns lla'th yn sefyll ar gornel 'Y
Brenin' fel plismyn arian, byr. Ac ar ei eistedd wrth ffenest agored Tŷ
Sgwner, fe glyw'r Capten dall holl fore'r dref. Clyw leisiau'r plant a
sŵn traed y plant ar y cobls.

Capten Cat [yn ddistaw iddo'i hunan]
Magi Richards, Rici Rhys, Tomi Powell, Sali ni,
Gerwyn Bach, Bil Abertawe â llais ci, un o blant
Mr Waldo, Wmffre cas, Jaci twsial … Ble ma' Albi
Dici a bois Ty-pant? … Y frech goch arnyn nhw 'to, falle.

[Sgrech sydyn ymhlith lleisiau'r plant]

Ma' rhywun wedi bwrw Magi Richards. Bil Abertawe,
gelli fentro. 'Sdim iws trysto boi sy'n cyfarth.

[Hwrdd o weiddi ieplyd]

Iawn 'to, Bil yw hwnna.

Ac mae lleisiau'r plant yn ymbellhau.

[Sŵn pell rat-a-tat postman ar ddrws]

Jacyraca'n cnoco ar Drem y Gilfach, rat-a-tat yn
ddistaw bach. Ma' mwfflyr am y nocyr. Pwy sy' wedi
hala llythyr at Mrs Ogmor-Pritchard?

[Rat-a-tat pell eto]

Watsia nawr. Ma' hi'n sheino'r ffrynt fel glàs. Ma'
pob stepen fel bar sebon. Watsha dy dra'd chwarter
i dri. Fe bolishe'r Besi 'na'r borfa, i beri i'r adar slipo.

Jacyraca
Bore da, Mrs Ogmor-Pritchard.

Mrs Ogmor-Pritchard
Bore da, postman.

Jacyraca
'Ma lythyr i chi, ac amlen wedi'i stampo a'i chyfeirio
yn amgaeëdig, bob cam o Builth Wells. Rhyw ŵr
bonheddig am studio adar, moyn lle am bythewnos,
bath, bwyd cwningen.

Mrs Ogmor-Pritchard
Na.

Jacyraca

O, fyddech chi'm callach bo' fe yn y tŷ, Mrs
Ogmor-Pritchard. Bydde fe mas 'da whip y
dydd â'i fag briwsion a'i delesgop bach …

Mrs Ogmor-Pritchard

A dod miwn unrhyw amser yn bluf i gyd! 'Sdim
persone i fod yn 'y nhŷ *glân neis,* yn anadlu dros
y cadeire …

Jacyraca

Folon marw, wneith e'm anadlu …

Mrs Ogmor-Pritchard

a rhoi'u traed ar 'y ngharpedi, a twtsial ar y tsieina,
a chysgu rhwng 'yn shîts i …

Jacyraca

'Mond gwely *sengl* ma' fe'n moyn, Mrs Ogmor-Pritchard.
[Sŵn drws yn cau yn glep]

Capten Cat [yn dawel]

A 'nôl â hi i'r gegin i bolisho'r tato.

Fe glyw'r Capten draed trwm Jacyraca draw ar y cobls.

Capten Cat

Un, dou, tri, pedwar, pump … 'Na Mrs Rose-Cottage.
Beth sy heddi? Heddi ma' hi'n ca'l y llythyr o'wrth ei
wha'r yn Gors-las. Shwt ma' dannedd y twins?

Ma' fe'n oedi wrth Dŷ'r Ysgol.

Jacyraca

Bore da, Mrs Puw. Ma' Mrs Ogmor-Pritchard yn pallu cwmryd gŵr bonheddig o Builth Wells achos bo' fe am gysgu rhwng ei shîts hi, a ma' twins wha'r Mrs Rose-Cottage o Gors-las yn goffod eu ca'l nhw mas …

Mrs Puw

Y parsel.

Jarcyraca

Ond i Mr Puw ma' fe, Mrs Puw.

Mrs Puw

'Sdim ots. Beth yw e?

Jacyraca

Llyfr. 'Lives of the Great Poisoners'.

Capten Cat

Manchester House yw hwnna.

Jacyraca

Bore da, Mr Edwards. Dim lot o niws heddi. So Mrs Ogmor-Pritchard yn folon cadw adar yn y gwely, a ma' Mr Puw newy' brynu llyfr i ga'l gwared ar Mrs Puw.

Mog Edwards

O's llythyr 'da chi o'wrthi *hi*?

Jacyraca

Ma' Miss Price yn ych caru chi bob tamed. Drewi o lafinder heddi. Ma' hi ar y botel ddwetha o'r elderfflowyr, ond ma'r jam cwins yn dala'n deg, a

ma' hi'n gweu rhosys ar y doilis. Wthnos dwetha fe
werthodd hi dair jared o fintos, pownd o hymbygs,
hanner bocs o jeli bebis a whech llun lliw o Llaregyb.
Eiddoch am byth. Wedyn, un gusan ar hugen.

Mog Edwards
O! Jacyraca, ma' hi'n berl! 'Ma'n llythyr inne. Rhowch
e yn ei llaw hi nawr.

*Lawr y stryd y daw Jacyraca. Ac fe glyw'r Capten gamre rhywun
arall.*

Capten Cat
Mr Waldo ar hast i'r Morwr. Peint o stowt a wy
yndo fe.
[Yn sibrwd] Ma' llythyr iddo fe.

Jacyraca
Symons arall i'n tad ni oll, Mr Waldo.

A bant â'r traed chwimwth ar hast i'r Morwr.

Mr Waldo [yn gweiddi]
Glou, Sinbad. Peint o stowt. A dim wy.

Mae pobol yn symud nawr lan a lawr y stryd.

Capten Cat
Ma'r menwod i gyd mas bore 'ma, yn yr houl. Ma'
hi'n amlwg yn wanw'n. 'Co hi Mrs Ceiriog; fe
allwch chi nabod curiad ei chamre hi'n trotian mor
loyw â llygad y dydd. Pwy sy'n cloncan ar bwys y
pwmp? Mrs Ffloyd a Dai Di-ddim yn trafod fflwcs.
Beth all dyn weud am fflwcs? Mrs Dai Bara Gwyn

yw honna, yn waltso lawr y stryd fel jeli, bob cam
yn slap, slap, slap. Pwy yw honna? Mrs Beynon y
Bwtsiwr, a'i chath ddu ddof, yn ei dilyn i bobman,
miaw a chwbwl. 'Co Mrs Twenti Thri, pwysig,
pwysig, ma'r houl yn codi a machlud yn ei chôl hi,
pan fydd hi'n cau ei llyged, ma' hi'n nos. Nawr 'te,
sodle main. Yn y bore 'fyd. Mae Rose-Cottage,
dwy ar bymtheg a heb ei chusanu 'to, ho ho, yn
paso'r ffenest yn serchus a swci i'r cae at y
gafrod, a wy'n ca'l 'yn atgoffa bob cam. Ffaelu
clywed beth yn gwmws ma'r menwod yn glebran
rownd y pwmp. 'Run peth ag arfer. Pwy sy'n ca'l
babi, pwy fwrodd pwy, weloch chi Poli Gardis
yn dangos ei bola, fe ddyle fod cyfreth, weloch
chi jympyr newy' Mrs Beynon 'rhen jympyr lwyd
'na wedi'i lliwo, pwy sy wedi marw, pwy sy ar
farw, on'd yw hi'n fore neis, o, 'na bris sy ar
bowdwr golchi!

[Cerddoriaeth organ yn y cefndir]

Ma' Organ Morgan wrthi'n fore. Y gwanw'n wrth gwrs.

Ac fe glyw sŵn cans lla'th.

Capten Cat
Wili Llath ar ei rownd. Rhaid gweud hyn, ma'i la'th
e ffreshed â'r gwlith. Gwlith yw ei hanner e.
Snwffia di mla'n, Wili bach, a dwrhâ'r dre.

Ma' rhywun yn dod. Gall y lleisie rownd y pwmp
weld rhywun yn dod. Hisht! 'Na chi ddistawrwydd.
Ma' sŵn y distawrwydd yn gweud wrtho i pwy sy
'na. Poli Gardis. [Yn uwch] Hylô, Poli, pwy sy 'na?

Poli Gardis

Fi, bach.

Capten Cat

Poli Gardis yw honna. [Yn ddistaw] Hylô, Poli,
'y nghariad i.

*Glywi di fud-hisian-gwyddau y gwragedd, ar eu pennau
ei gilydd, yn heidio i frathu a phigo, cyn ei baglu hi bant? Pwy
gwtshodd di ddwetha, bach? Pa glacwydd priod fu'n griddfan ar
Fryncyn Llaregyb am dy freichiau mamwesol ysgeler, a'th gorff fel
coffor, cariad? Sgrwba di lawr y Neuadd Les ar gyfer dawns Undeb
y Mamau, fyddi di ddim gyda nhw'n gwingo pen-lin a phen-ôl yn y
fangre briodasol 'na heno, er i'r gwŷr – wedi eu tynnu o gysur mwg
y Morwr – gintachu a phwdu.*

[Cân ceiliog]

Capten Cat

Rhy hwyr, 'rhen geilog, rhy hwyr,

*oherwydd mae'r bore yn y dref wedi cerdded ymhell. Yn wir, erbyn
hyn mae'r bore ar garlam.*

[Cerddoriaeth organ yn y cefndir yn distewi]

*Mae clipa-di-clop y ceffylau ar gobls y strydoedd melyned â
mêl gwresog, morthwylio pedoli, cracian cwac a chlochdar, clegar
brwysg o'r brigau a gweryru ar Ddôl Asyn. Mae bara'n crasu, moch
yn rhochian, tils yn canu, cig yn hollti, praidd yn peswch, cŵn
yn gweiddi, llif yn ochain. Clywch wyntyll ffresh y gwanwyn ar
fuarthau dawns-y-glocsen, a'r wylan yn browlan rhwng afon a môr,
a'r sigl-i-gwt yn prancio a'r cocs yn berwi'n y tywod, cri chwibanwr,
brân yn crawcian, cwyn ysguthan, cloc yn taro, tarw'n breifad,*

a'r cleber anfoesgar yn yr annibendod o ysgol, a'r baldorddi crafog yn
siop bopeth Mrs Organ Morgan, cwstard, henna, trape-dala-llygod,
rhwydi, whisls, siwgur, stamps, conffeti, bwyelli, paraffîn.

Gwraig 1
Mrs Ogmor-Pritchard

Gwraig 2
la di da

Gwraig 1
rhyw ddyn 'da hi'n Builth Wells

Gwraig 3
yn watsio adar 'da telisgop

Gwraig 2
medde Jacyraca

Gwraig 3
Odych chi'n cofio'i gŵr cynta? Do'dd dim isie
telisgop arno fe

Gwraig 1
o'dd e'n eu watsio nhw'n matryd trw'r clo

Gwraig 3
a gweiddi Tali-ho

Gwraig 2
ond ro'dd Mr Ogmor yn reial ŵr bonheddig

Gwraig 1
sàch iddo grogi ei gi defed.

Gwraig 3

Weloch chi Mrs Beynon y Bwtsiwr?

Gwraig 2

Ma' Beynon yn rhoi cŵn yn y minsyr medde hi

Gwraig 1

'O's bosib, tynnu'i cho's hi ma' fe.

Gwraig 3

Paid â mentro gweud hynna wrthi, cariad,

Gwraig 2

neu fe gredith bo' fe'n ei thynnu hi bant a'i byta hi –

Gwraig 4

Set ar cythrel sy'n byw 'ma, ontefe?

Gwraig 1

A drychwch ar y Dai Di-ddim 'na

Gwraig 2

rhy ddioglyd i sychu'i swch

Gwraig 3

yn mynd mas i bysgota bob dydd, a'r cwbwl
ddalodd e ario'd yw rhyw Mrs Samuels

Gwraig 1

wedi bod yn y dŵr am wthnos

Gwraig 2

A drychwch ar wraig Wili Llath, 'sneb wedi'i
gweld hi ario'd

Gwraig 1

ma' fe'n ei chloi hi'n y cwpwrt 'da'r poteli gwag

Gwraig 3

a meddyliwch am Dai Bara'n cadw dwy wraig

Gwraig 2

un i'r dydd a'r llall i'r nos

Gwraig 4

Hen gŵn ŷn nhw i gyd yn y bôn

Gwraig 3

A shwt ma' Organ Morgan, Mrs Morgan

Gwraig 1

ma' golwg wedi blino'n rhacs arnoch chi

Gwraig 2

organ organ yw hi 'dag e trw'r amser

Gwraig 3

lan bob nos yn whare'r organ

Gwraig 4

O! Ma' miwsig jyst â'n lladd i.

Diwelodd llwyth o haul ar y dref yn glwriwns; arllwys drwy berthi Lôn Gwsberis gan glatsio'r adar i ganu, a chwipio'n las i lawr Lôn Cregyn a'r tomennydd cregyn yn canu fel clychau mân. Ac yn y llafn hwn o'r bore, mae Llaregyb yn pesgi ar boethder, a'r stryd a'r cae a'r môr a'r traeth yn tasgu yn yr haul ifanc.

Mae Ifans Ange, mewn menig angladd, yn gwasgu'n galed ar goffin ei frest, rhag ofn i'w galon neidio mas.

Ifans Ange [yn galed]

Ble ma' d'urddas di? Cwtsh.

Mae'r gwanwyn yn cyffroi Meinwen Mai Beynon yr athrawes fel llwy yn ei throi.

Meinwen Mai Beynon [yn ddagreuol]

Beth wna i? Fydda i *byth* yn syber tra bydda i'n twitsio.

A'r bore cryf hwn mae'r gwanwyn yn ffromi a fflamo yn llygaid Llew Lleder, ac yntau'n cywiro esgid sawdl main i Mrs Dai Bara Brown y sipsi, ond fe'i cledra fe mas yn gynddeiriog.

Llew Lleder [Rhythm morthwylio]

'Sdim co's yn perthyn i'r dro'd sy'n perthyn i hon.

Unwaith eto, llywia'r haul a'r awel werdd y Capten at ei fôr o atgofion.

Capten Cat

Na, myn diawl, fe gymera' *i* yr un frown, pwy yw'r capten 'ma? Parlez-vous jig jig, Madam?

Mae Meri Ann y Morwr, wrth edrych mas ar Fryncyn Llaregyb o'r stafell wely lle y'i ganed, yn sibrwd wrthi'i hunan

Meri Ann y Morwr [yn uchel]

ma' hi'n wanw'n yn Llaregyb yn yr haul yn fy henaint, a hon yw Gwlad yr Addewid.

[Yn sydyn, mae lleisiau côr plant yn seinio un nodyn uchel, hapus, hir.]

Yng nghegin lethol, laith, ferwedig cwtsh te Jacyraca'r Postman,
lle mae'r tegellau'n poeri a hopan ar y pentan, mae Mrs Jacyraca'n
stîmo llythyr Mr Mog Edwards at Miss Myfanwy Price, ac yn ei
ddarllen yn uchel i Jacyraca yng nghil llygad haul gwanwyn drwy'r
un ffenest dan sêl sy'n llefen o stêm, tra bydd yr hen ieir swrth, siabi
yn conan a thisian wrth ddrws y cefn yn blysu am de ddued â chors.

Mrs Jacyraca

Manchester House, Llaregyb. Unig Berchennog:
Mog Edwards (gynt o Twll), Drêpyr, Dilladwr,
Teiliwr i'r Uchel Dras, Gwerthwr Ffasiynau
Llundain, Negligee, Longerie, Dillad Te Bach,
Dillad Danso, Dillad Priodi, Dillad Babis.
Hefyd Dillad Parod ar Gyfer Pob Achlysur.
Arbenigo mewn gwisgo Gweision Ffermydd a
phrynu Wardrobs. Gweinidogion y Gair a Gwŷr y
Fainc yn galw'n gyson. Sbonc Ymhob Syspendyr.
Yn hysbysebu'n wythnosol yn y Twll Gasét.
F'anwylaf Myfanwy Price, fy Mhriod ym Mharadwys,

Mog Edwards

O, wy'n dy garu nes i Ange ein gwahanu a wedyn
byddwn gyda'n gily' hyd yn oes oesoedd. Fe dda'th
parsel o rubane newy' o Ga'rfyrddin heddi, o bob
lliw dan yr houl. O, fe licwn i glwmu ruban yn dy
wallt, un piws, ond nid yw'n bosib. Fe freuddwydes
i neithwr dy fod ti'n wlyb stegetsh yn gorwedd yn 'y
nghôl fel ro'dd y Parchedig Jenkins yn mynd lawr
y stryd. Rwy'n gweld fod môr-forwyn gyda chi yn
ych côl, medde fe, a fe gododd ei hat. O, ma' fe'n
reial Gristion. Nid fel y Ceiriog Owen 'na yn gweud
y dylwn i fod wedi'i thowlu hi 'nôl medde fe. O, ma'
busnes yn brin. Fe brynodd Poli Gardis ddwy
gardis a rhosys ond so hi byth yn gwisgo sane a

wedyn beth yw'r iws medde fi. Fe dreiodd Mr Waldo
werthu gŵn nos menyw owtseis i fi – wedi'i ffindo hi,
medde fe, ond ŷn ni'n gwbod ymhle. Fe werthes i
bacyn o binne i Twm Morwr i bigo'i ddannedd. Os
parith hi fel hyn fe fydda i yn y wyrcws. Ond ma'
nghalon i 'da ti a dy galon di 'da fi. A Duw fo 'da
ti bob amser, Myfanwy Price, i dy gadw'n lyfli i
fi yn Ei Drigfanne Nefol. Rhaid ifi stopo nawr yr wyf,
Yr Eiddot Yn Dragwyddol, Mog Edwards.

Mrs Jacyraca
A wedyn rhyw neges fach ar stamp rybyr, Ordrwch
'da Edwards!

*Ac mae Jacyraca'n rwmblo a reido mas eto i sied dri-bwced
ei Dŷ'r Cyffredin yn y cefen lle mae'r ieir yn llefen, ac fe wêl yn yr
heulwen sydyn,*
           *wylanod cecrus ar hast i'r harbwr lle mae'r pysgotwyr
yn poeri ac yn cynnal y bore, gan lygadu'r môr llyfn llonydd o'i
feiston i'w orwel yn osteg glas. Arian byw blysig, tobaco, tun samwn,
hat a phlufyn, potiau o bast-pysgod, gwresowgrwydd i'r gaea-sy'n-
dod, yn cordeddu a llathru'n llyweth fel cysgodion fflach pysgodyn
drwy heolydd heth y môr. Ond â llygaid gleision dioglyd, craffa'r
pysgotwyr ar y glesni di-grych, yn gywir fel petasai'n bygwth herio a
brathu a hyrddio a hwpo'r dref fach i ebargofiant.*

Pysgotwr
Rhy arw i bysgota heddi.

*A diolchant i Dduw a phoeri ar wylan am lwc, ac yn ddistaw a
chan bwyll bach ymlwybrant i gyfeiriad y Morwr a chefnu ar y môr
mor llonydd ag erioed, pan ddaw'r plant*

[Cloch ysgol]

yn fwrlwm garw drwy ddrws yr ysgol fel cawod o geser, i garlamu a chanu yn yr iard bwdelog. Mae'r Capten, wrth ei ffenest, yn adrodd yn dawel, rhyngddo ag ef ei hunan, eiriau'r gân.

Capten Cat [yn cadw curiadau'r gân]
Shemi Shôl a Fflos Dwy Lath
Gadwai'u babi yn y bwced lla'th
Fflos Dwy Lath a Shemi Shôl
Tynnai un e mas a sacai'r llall e'n ôl.
O, fy nhro i nawr medd Fflos Dwy Lath
I dynnu'r babi mas o'r bwced lla'th
A fy nhro i nawr medd Shemi Shôl
I roi pelten ar ei ben a'i roi e'n ôl.

Shemi Shôl a Fflos Dwy Lath
Gadwai'u babi yn y bwced lla'th
Sacai un e 'nôl a thynnai'r llall e mas
Ac ni châi ddim i'w yfed ond cwrw coch cas
Gan fod Shemi Shôl a Fflos Dwy Lath
Wastod yn dywedyd nad oes dim yn wa'th
Na syched am gwrw yn y bwced lla'th.

[Saib]

Fe glywir, yn glir, fry uwchben Llaregyb, gynghanedd y bydysawd. Mae hi'n 'Siffrwd y Gwanwyn'.

Ym mynwent Bethesda, mae parti bois yn canu'n ysgafala, ond yn aneglur.

Mae llysiau yn paru uwchlaw'r tenoriaid.

Ac mae cŵn yn biws gan gyfarth.

Mae Mrs Ogmor-Pritchard yn pecial i facyn bach ac yn cwrso pelydryn â swadiwr clêr, ond ni all hi, hyd yn oed, erlid y gwanwyn: yn un o'i dysglau bysedd-mewn-dŵr, fe dyf briallen.

Mae Mrs Dai Bara Gwyn a Mrs Dai Bara Brown yn eistedd tu fas i'w tŷ yn Lôn Asyn, un yn pobi a'r llall yn llosgi yn yr haul sioncwlithog. Sylla Mrs Dai Bara Brown i belen grisial sy'n gorwedd yng nghôl ei phais front, sgarlad, yn gras rhwng ei lwynau cras cochddu.

Mrs Dai Bara Brown

Swllt i'm llaw … O'n pwrs ni … A!

Mrs Dai Bara Gwyn

Be' chi'n weld, bach?

Mrs Dai Bara Brown

Gwely plu, a tri gobennydd arno fe. A ma' 'na adnod uwchben y gwely. Alla i ddim ei gweld hi'n glir, achos ma' 'na gwmwle drosti. Nawr ma' nhw wedi mynd. Duw cariad yw medde'r adnod.

Mrs Dai Bara Gwyn

'Na'n gwely *ni*.

Mrs Dai Bara Brown

A ma' fe wedi diflannu 'to. Ma'r houl fel hwrligwgan. Ond pwy yw hwn sy'n dod mas o'r houl? Hen flewcyn bach â gwefle mawr pinc. Ma' llygad latsh 'da fe.

Mrs Dai Bara Gwyn

Dai yw e, Dai Bara yw e!

Mrs Dai Bara Brown

Hisht! Ma'r gwely plu'n hedfan 'nôl 'to. Ma'r dyn bach yn tynnu'i sgidie, yn matryd ei grys, yn clatsio'i frest â'i ddwrne, yn dringad miwn i'r gwely.

Mrs Dai Bara Gwyn

Ce'wch mla'n, ce'wch mla'n.

Mrs Dai Bara Brown

Ma' *dwy* fenyw'n y gwely. Ma' fe'n cewcan ar y ddwy â'i ben ar slant. Ma' fe'n whiban drwy'i ddannedd. A nawr ma' fe'n plannu'i freiche am un o'r menywod.

Mrs Dai Bara Gwyn

Pwy un, pwy un?

Mrs Dai Bara Brown

Alla i ddim gweld dim mwy. Ma' mynydde o gwmwle wedi dod 'nôl.

Mrs Dai Bara Gwyn

Ach! Drato'r hen gwmwle mên!

Mae'r borE'n gana i gyd. Ac ar ei ymweliadau boreol, erys y Parchedig Eli Jenkins i wrando ar Poli Gardis yn sgrwbo lloriau'r Neuadd Les ar gyfer dawns Undeb y Mamau heno.

Poli Gardis

Fe gerais ddyn o'r enw Twm,
Roedd e'n gryf fel arth a'i lais fel drwm;
Fe gerais ddyn o'r enw Dic,
Roedd e'n grwn fel casgen, a'i fola'n rhic;
Ac fe gerais ddyn o'r enw Harri,
Dwy lath fain ond hen garwr handi;
Ond fy ffefryn i drwy'r nos drwy'r dydd
Oedd f'annwyl Wili Bach, sy dan ddwylath o bridd.

O! Roedd Twm, Dic a Harri yn dri di-nam,
Ac ni chaf eto well caru'n un man,

Ond f'annwyl Wili Bach a'm cymerodd ar ei lin,
F'annwyl Wili Bach i fi oedd y dyn.

Daw bois y plwyfi yma'n fflyd
I dwmblo Poli a'i rowlo ar ei hyd,
Ond pan fydda i yn eu caru nhw 'nôl,
Johnny o Ben Lan neu Jaci'r Ddôl,
Fe gofiaf bob tro ar 'y nghefn yn y gwair
Am Dwm, Dic a Harri yn cadw'u gair;
A chofiaf yn siŵr wrth ddyfod yn rhydd
Am f'annwyl Wili Bach, a rowd o dan bridd.

O! Roedd Twm, Dic a Harri yn dri di-nam,
Ac ni chaf eto well caru'n un man,
Ond f'annwyl Wili Bach a'm cymerodd ar ei lin,
F'annwyl Wili, 'mach i, i fi oedd y dyn.

Parch. Eli Jenkins
Clod i Dduw am Wlad y Gân!

Ac ymlaen â'r Parchedig Jenkins ar hast drwy'r dref i ymweld â'r cleifion gyda'i jeli a'i gerddi.

Mae'r dref mor llawn â wy llinos.

Mr Waldo
'Co'r Parchedig yn mynd

medde Mr Waldo wrth bipo mas drwy ffenest sgadan frown y Morwr siabi,

gyda'i ymbrela a'i bryddeste. 'Run peth 'to,
Sinbad. Waldo ar y tregl heddi.

Mae'r pysgotwyr swrth wrthi'n swilo'u cwrw.

Sinbad
O! Mr Waldo

ochneidia Sinbad y Morwr
wy'n dwlu ar Meinwen Mai Beynon.

Cân serch yw cân y gwanwyn. Ac ymserchu â sbonc, fel gwely sbrings y borfa'n bownso dan benolau'r adar a'r ŵyn.

Ac mae Meinwen Mai Beynon, yr athrawes, mor grynedig â phe'i troid â llwy, wrthi'n dysgu ei dosbarth tu hwnt o anobeithiol

Lleisiau'r plant
Pan gaaana'r aaadar, ding a ding a ding

Meinwen Mai Beynon
Nage, blant! Carcwch ych llafariaid!
Pan gana'r adar, ding a ding a ding

Sinbad
O, Mr Waldo,

mynte Sinbad
ma' hi'n ledi bob tamed.

Ac mae Mr Waldo, sy'n meddylu am fenyw mor feddal ag Efa ac mor siarp â seiatica i rannu ei wely pwdin-bara â hi, yn ateb,

Mr Waldo
Sa i'n nabod un tamed sy'n ledi bob tamed.

Sinbad

A tase mam-gu ond yn marw, wir i chi Mr Waldo, fe
elen i ar 'y nglinie, a fe weden i, Meinwen Mai Beynon,
fe weden i

Lleisiau Plant

Pan gana'r adar, ding a ding a ding
Cawn fynd i'r allt am ffling …

Poli Gardis yn canu, ar ei gliniau o hyd,

Poli Gardis

Roedd Twm, Dic a Harri yn dri di-nam
Ac ni chaf eto well

Lleisiau Plant

Ding a ding

Poli Gardis

'n un man.

*Mae ysgol y bore ar ben, a'r Capten yn eistedd wrth gil-ffenest
ei gaban sy'n wynebu llanw heulwen y gwanwyn, yn clywed y plant
melltigedig yn twmblo ac yn odli ar y cobls.*

Lleisiau Merched

Gweni galw'r bois
Gweni galw'r bois.

Gweni

Bois bois bois
Dewch ata i.

Lleisiau Merched

Bois bois bois
Rhowch gusan ble mae'n gweud
Neu rhowch geinog iddi.
Cer mla'n, Gweni.

Gweni

Cusana fi draw yn Lôn Gwsberis
Neu rho geinog ifi.
Beth yw d'enw?

Bili

Bili.

Gweni

Cusana fi draw yn Lôn Gwsberis Bili
Neu rho geinog ifi heddi.

Bili

Gweni, Gweni, cusana i di yn Lôn Gwsberis
Nawr 'sdim rhaid ifi roi ceinog iti.

Lleisiau Merched

Bois bois bois
Rhowch gusan ble mae'n gweud
Neu rhowch geinog iddi
Cer mla'n, Gweni.

Gweni

Cusana fi ar Fryn Llaregyb.
Neu rho geinog ifi
Beth yw d'enw?

Joni Cristo

Joni Cristo

Gweni

Cusana fi ar Fryn Llaregyb Joni Cristo
Neu rho geinog ifi, gadno.

Joni Cristo

Gweni Gweni cusana i di ar Fryn Llaregyb.
Nawr 'sdim rhaid ifi roi ceinog iti.

Lleisiau'r Merched

Bois bois bois
Rhowch gusan ble mae'n gweud
Neu rhowch geinog iddi.
Cer mla'n, Gweni.

Gweni

Cusana fi draw yn y Wenallt
Neu rho geinog ifi
Beth yw d'enw?

Dici

Dici

Gweni

Cusana fi yn y Wenallt Dici
Neu rho geinog ifi'n handi.

Dici

Gweni Gweni
Alla i ddim rhoi cusan iti yn y Wenallt.

Lleisiau'r Merched

Gweni gofyn pam

Gweni

Pam?

Dici

Achos so Mam yn folon.

Lleisiau'r Merched

O! Dyna chi gachgi cachgi
Rho di geinog i Gweni.

Gweni

Rho di geinog ifi.

Dici

'Sdim ceinog 'da fi.

Lleisiau'r Merched

Boddwch e'n y pwdel
Lan hyd ei fogel
Glou glou Dici Salw
Rhowch glatsien ar ei din
Â gwialen fedw.
A-hi-i-i!
Sh!

Ac mae'r merched sgrechlyd yn gwichal eu gormes o'i gwmpas, a giglan a gwichian wrth rwygo a phelto, ac yntau'n llefen y glaw lawr rhiw a'i drowser clytiog yn cwympo, a'i wrid babi-clwte'n llosgi pentigili, a'r adar rheibus o chwiorydd yn fuddugoliaethus, yn ei gwrso a gweiddi â botymau yn eu crafangau, a'r bwlis o frodyr yn edliw iddo'i lysenw a chywilydd ei fam a phechod ei dad gyda

menywod nwydwyllt troednoeth hofelau'r clogwyni. Gwagedd-o-
wagedd yw'r cwbwl. Ac yn wbain am ei fam laethog, am ei chawl
a'i lla'th enwyn a'i hanadl buwch-odro a'i phice-ar-y-mân a'i gwely
pasgedig dan drwch o dawch geni, a chegin olau-leuad ei breichiau,
anghofith yntau byth wrth badlo adref yn ddall i ben draw wylofus
y byd. Wedyn, mae'i boenydwyr yn hwpo a raso i Siop Losin Lôn
Cregyn a'u ceiniogau'n stico fel mêl, i brynu gyda Miss Myfanwy
Price – 'rhen gocen dwt deidi fel robin frongoch a'i lwynau bach
gwydn mor deit â throgod – losin cymaint â thiwmors yn newid eu
lliw wrth eu sugno, pelenni-brandi, losin mân-mân fel dom llygod
bach, licris mor felys â chyfog, taffis i'w tynnu a'u stretsio fel tafod
arall coch llipa, gym i'w stico yng nghwrls y merched, losin-peswch
coch i boeri gwaed, a photeleidi o orenêd, mafonêd a lemonêd i dorri
syched, a thorri gwynt.

Mae Meinwen Mai Beynon yn ei sodli hi'n llednais o'r ysgol, a'r
haul yn mwmian ymhlith blodau cotwm ei ffrog gan ddisgyn i gloch
ei chalon, a mwmial yno fel mêl i gysgodi a chusanu'n ddioglyd-
gariadus-gocls yn ei bron gocheg ag aeron. Mae'r coed a'r ffenestri'n
llygaid i gyd yn gweiddi 'Meinwen Mai!' a'i matryd hi at y tethau
a'r gwenyn. Melltenna'n noethlymun heibio i dafarn y Morwr, yr
unig fenyw yng ngardd Dai-ac-Adda. Ac ar ei chluniau, a ddeil yn
llaith gan wlith gwawr yr ardd-dyfu-dynion gyntaf, gesyd Sinbad y
Morwr ei ddwylo parchus, blewog, gafrog.

Meinwen Mai Beynon
'Sdim ots 'da fi os yw e'n gomon,

medde hi wrth ei hunan tesog

Meinwen Mai Beynon
'wy am ei lyncu fe'n gyfan. 'Sdim ots os yw e'n
anllythrennog,

medde hi wrth fam-y-ddaear noethlymun Efa gyhyrog ei hunan,

Meinwen Mai Beynon
cyhyd â'i fod e'n giwcymbyr i'r carn.

Mae Sinbad y Morwr yn ei gwylio'n mynd heibio yn swil a balch ac athraweslyd, yn ei ffrog flodeuog a'i hat herio'r haul, heb na threm, na sylw, na siglad; merch Beynon y Bwtsiwr, a erys am byth, yn wyryf oeraidd a diserch, tu hwnt i goflaid wancus ei lygaid.

Sinbad
O! Meinwen Mai Beynon, pam wyt ti mor browd?

yw ei gŵyn wrth ei Guinness,

Sinbad
O! Y bertaf, bertaf Meinwen Mai Bi,
fe roien i'r byd i gyd i dy ga'l di.
O! Pam wyt ti mor ddysgedig?

Wrth deimlo'i farf-bwchyn yn ei choglish yng nghanol y byd fel cudyn gwydn ar dân, ac wedi'i gwefreiddio gan fraw, try ei chefn ar chwipiau coelcerth ei wisgeren, ac eistedd lawr yn y gegin gefen, i stumogi plat llwythog o afu oen a tships.

Ac yng nghaddug llennog stafell fwyta Tŷ'r Ysgol, sy'n llychlyd a gwag fel stafell fwyta mewn claddgell, mae Mr a Mrs Puw yn dawedog uwchben pei-tato-potsh diflas, oer. Mae Mr Puw, wrth fforcho'r cwlffe cig corff i'w geg, yn astudio 'Lives of the Great Poisoners'. Mae wedi rhwymo clawr papur-brown plaen am y llyfr. Ac mae'r hen lechgi, wrth gnoi ei gil, yn ciledrych ar Mrs Puw, yn ei gwenwyno â'i lygad, cyn ailgydio'n ei ddarllen. Tanlinella ambell baragraff, a chwato'i wên.

Mrs Puw

Persone difaners sy'n darllen wrth y ford,

medde Mrs Puw. Llynca dabled gymaint â philsen ceffyl at ei diffyg
traul, a'i golchi lawr â dŵr cawl pys.

[Saib]

Magw'd rhai mewn twlce moch.

Mr Puw

So moch yn darllen wrth y ford, cariad.

Wedi chwerwi drwyddi, mae hi'n fflico'r dwst o'r criwet rhacs. Setla'r
dwst dros y tato-potsh fel cawod fain o chwain.

So moch yn galler darllen, cariad.

Mrs Puw

Wy'n nabod un sy'n galler.

Ar ei ben ei hunan yn labordy brwmstan ei ewyllys, mae Mr Puw
yn ffrwtian yn fân ac yn fuan rhwng pob jeroboam a thwba, yn
pigo'i draed rhwng llwyni'r llysiau angheuol a'i bair yn berwi'n
ddawnsfeydd ingol, a chymysgu'n arbennig i Mrs Puw ryw bwdin
gwenwynig na ŵyr yr un tocsicolegydd ddim byd amdano, a fydd
yn sgaldanu'n frechog drwyddi, nes i'w chlustiau gwympo fel ffigs,
i'w thraed chwyddo'n biws fel balŵns, ac i stêm sgrechen o'i bogel.

Mr Puw

Ti sy'n gwbod ore, cariad,

medde Mr Puw, ac fel llycheden, mae'n saco'i phen i gawl llygod.

Mrs Puw

Beth yw'r llyfr 'na wrth ych cafan chi, Mr Puw?

Mr Puw

Gwaith diwinyddol, cariad, 'Lives of the Great Saints'.

Gwena Mrs Puw, ac ymddengys eisicl yn aer oer y gladdgell-ginio.

Mrs Puw

Fe weles i chi'n siarad ag un o'r saint heddi, y Santes
Poli Gardis. Fe gas hi'i merthyru neithwr 'to. Fe
welodd Mrs Organ Morgan hi 'da Mr Waldo.

Mrs Organ Morgan

A phan welon nhw fi, dyma nhw'n esgus whilo am
nythod,

*medde Mrs Organ Morgan wrth ei gŵr, â'i cheg mor llawn o bysgod
â cheg pelican.*

Mrs Organ Morgan

Ond so chi'n whilo am nythod yn ych pants, wedes
i wrth 'yn hunan, fel o'dd Mr Waldo yn 'wisgo, a'ch
ffrog chi lan dros ych pen chi fel un Poli Gardis.
O! Thwyllon nhw ddim ohono i.

*Un llyncad deryn a ffarwél i fflwcsyn bach arall. Lapad-i'r-gweflau,
a llwytho eto.*

Mrs Organ Morgan

A phan ŷch chi'n meddwl am yr holl fabis 'na s'da
hi, wel y cwbwl weda i yw ei bod hi'n hen bryd iddi
stopo whilo am nythod, 'na'r cwbwl weda i. So hi'n
hobi neis o gwbwl i fenyw sy'n ffaelu gweud 'Na'
hyd yn o'd wrth gorachod. Wyt ti'n cofio Ffred Spit?

O'dd e ddim tamed mwy na babi 'i hunan, a fe roiodd
e ddou iddi. Ond rhaid i fi weud, ma' nhw'n hen
fois neis, Ffred Spit a Benji. Ambell waith wy'n lico
Ffred ore, bryd arall wy'n lico Benji. Pwy wyt ti'n lico
ore, Organ?

Organ Morgan

O! Bach, heb amheuaeth. Bach bob tro i fi.

Mrs Organ Morgan

Organ Morgan, so chi wedi grondo o gwbwl arna i.
Organ organ yw hi 'da chi drw'r amser …

*Ac mae'r dagrau'n torri, ac yng nghanol ei nadu hallt, mae'n trywanu
fflwcsyn bach arall, a'i gladdu'n un pishyn, fel pelican.*

Organ Morgan

A wedyn, Palestrina,

medde Organ Morgan.

*Ar ei gwrcwd isel ac unig mewn cegin sy'n syrffed o amseroedd,
mae Syr Wili Watsh yn pigo sgraps pysgodyn o fasin bwyd Carlo, yn
gwrando ar leisiau ei chwe chloc a thrigain, sef un am bob blwyddyn
o droeon dryslyd ei yrfa, ac yn gwylio, yn llawn cariad, eu hwynebau
gorffwyll, gweflog, du a gwyn, yn tocio'r byd i'r byw:
clociau ara deg a chlociau chwimwth,
clociau â phendil fel curiad y galon,
tsieina, wyth-niwrnod, cwcw, alarwm!
clociau fel arch hwrligwgan Noa,
clociau sy'n bugunad mewn crombil marmor,
clociau yng nghrothau menywod gwydrog,
clociau sy'n taro deuddeg bob awr!
clociau gwdihŵ, clociau tynnu tonau,*

clociau Vesuvius o glychau a lafa,
clociau Niagara yn tywallt eu tics,
hen glociau dagreuol dan wisgers eboni'n wylo pob eiliad,
clociau heb fysedd yn dal ati drwy'r amser
heb obaith cael gwybod beth yw hi o'r gloch.
Mae'r chwech a thrigain wedi'u gosod ar oriau gwahanol, a Syr Wili
Watsh yn byw mewn tŷ mewn bywyd dansherus. Unrhyw ddydd
neu funud nawr fe ddaw'r gelyn barbaraidd lawr rhiw, ond ddalan
nhw ddim ohono fe'n hepian. Chwech-deg-chwech o weithiau yn ei
gegin seimlyd, bysgodlyd, ping clec tic taro toc ...

Nid yw'r trythyllwch a'r trachwant a'r troelli a'r awel emrallt a
chlindarddach gorfoleddus yr adar a chorff maldodus y gwanwyn â'i
fronnau'n orlawn o la'th afon mis Mai, yn golygu dim arall i'r truan
o farchog sy'n byw ar bysgod, ond arwydd diamwys o'i agosrwydd at
lwythau a nafis Dydd y Farn Fawr, a ddaw i ysbeilio a rheibio i lawr
rhiw Armagedon, i'w gwtsh cloëdig rhydlyd llychlyd tic-toc ar waelod
y dref sy wedi cwympo dros ei phen a'i chlychau mewn cariad.

Poli Gardis
Ac ni chaf eto shwt garu'n un man,

yw cân hiraethus, wancus Poli.

Poli Gardis
Nawr pan ddaw dydd ffair i'n treflan ni
Daw bechgyn o'r bryniau am gwrw a sbri.
Cyn machlud yr haul gorweddaf gyda hwy,
Cans rhai da yn y bôn yw holl fois y plwy.
Ond fe gofiaf o hyd wrth ddyfod yn rhydd
Am f'annwyl Wili Bach, dan bridd … pridd
… pridd.

[Distawrwydd hir]

Hulia'r prynhawn heulog heintus yn hamddenol drwy'r dreflan
bendrom. Mae'r môr yn loetran a llepian ar y marian mwrn, a
physgod ynghwsg ar ei arffed; y dolydd mor llonydd â'r Sul, y teirw
taselog yn pendwmpian, a glynnoedd gafrod a llygaid y dydd yn
slwmbran yn hapus a diog. Mae merddwr mud y llyn hwyaid mewn
trymgwsg; cwmwl yn clustogi'i stumog ar Fryncyn Llaregyb. Rhoch
y moch llawciog yn y llaca, yn chwyrnu a gwenu'n eu breuddwyd.
Breuddwydiant am fes a golchion dewisol y byd, y ceibo am y cibau,
sgrech a snwffian yr hwchod hawddgar, a thor facbib yr hwch fagu.
Torheulant yn yr haul mochyngar, a'u cynffonnau'n cwrlo; twrio
a slobran a thuchan nes cyrraedd ohonynt berfeddion cwsg wedi'r
golchion. Pendryma asynnod yn angylaidd ar Ddôl Asyn.

Mrs Puw
Persone difaners,

medde Mrs Stania Puw,

 sy'n nodo wrth y ford.

Mae Mr Puw yn gwingo wrth ddihuno, a gwisgo gwên sebonllyd,
drist a llwyd o dan wep ei fwstashen felen nicotinaidd Fictoriaidd –
cwrlog a thrwchus er cof am Doctor Crippen.

 Fe ddylech ohirio nes riteiro i'ch twlc,

medde Mrs Puw, mor felys â raser. Mae ei chwarter gwên grebachog,
grinllyd yn rhewi. A sleifia'r cynllwyngi'n sgaprwth i'w gwtsh cemegol,
ac yng nghanol peiriau a ffiolau'n orlawn o'r frech a phla Pharo,
cymysga gyffaith o'r fagddu farwol, nicotîn, fflem slimyn a brych
broga i'w hen eisbyrg, gefail-gnau, gonen, sinach, wrach o wraig.

Mr Puw
Begio'ch pardwn, cariad,

medde fe, yn ordrwm o weniaith.

Ac wrth ei ffenest lydan agored i'r haul a'r eigion llong-lithrig a hwyliodd slawer dydd pan oedd ei lygaid yn fywlas, mordwya'r Capten clustdlysog yn gysgadlyd. Â thatŵ Caraf-di-Rosie-Probert ar ei fola, ac â photel friwedig yn ei ddwrn, mae'n cweryla ym myllni'r bariau ar y dociau du; ac wedyn, gyda'i griw, mae'n cwrcatha o borthladd i borthladd a phlymio'n awchus i gwmnïaeth hen esgyrn a foddwyd. Mae'n hwylio ac wylo'n ei gwsg, nes i'w ddagrau lifo dros dwlpyn ei drwyn cwrw coch.

A phan ddaw'r freuddwyd i'w hanterth, daw atgof am lais annwyl a thyner Rosie, y dywysoges ddioglyd ben-aur, a sharwyd gyda Tom Fred y Tanwr a chrugyn o forwyr eraill. Mae hi'n siarad yn glir ac agos-ato o stafell wely ei llwch, hen gulfor clyd lle bu dwsinau o lyngesau'n angori am eu nef dros nos; ond â'r cysgadur Capten Cat yn unig y mae Mrs Probert yn siarad …

> **Rosie Probert**
> o Hafan Glyd, Tom. Dere i'r harbwr, a gofyn
> am Rosie –

yw ei unig gariad drwy'r môr-flynyddoedd, a fu'n heigio o fenywod.

> **Rosie Probert** [yn dyner]
> Sut fôr welest ti,
> Tom Cat, Tom Cat,
> Pan est ti i'r môr
> Maith, maith yn ôl?
> A pha angenfilod
> A bwystfilod a welest
> Yn dygyfor y glesni
> Pan oeddet ti'n fishtir
> Ar Rosie?

Capten Cat

Fe ddwedaf y gwir.
Roedd y môr yno'n cyfarth
Fel morloi mewn hirlwm
A threm y werdd weilgi
Dan gwrlid llyswennod
Môr-ddynion, morfilod,
A'r llanw heb drai.

Rosie Probert

Sut fôr hwyliest ti
Fôr-filwr glew
Pan oeddet ti'n fêt i fi
Ar ymchwydd y tonne
Rhwng Ffrisco a Chymru?

Capten Cat

O, wir i ti, Rosie,
'Rhen wejen bert,
Fy nghysur, fy nghariad,
A'r berta mewn sgert,
Hen fôr dail yr eiddew
A'i ewyn yn elyrch
Dan nos olau leuad
Yn wben fel cŵn.

Rosie Probert

Sut fôr oedd yn siglo
Yn chwyddo a rhwyfo
Yn dy oilsgin a'th newyn
Fy morwr bach i
Fy marlat fy ffefryn
Fy siwgur fy nhegan
Fy mêl ar fy min

A Rosie ar dy fola
Pan oeddet ti'n grwt
Pell pell yn ôl?

Capten Cat
Ddweda i ddim celwydd.
Yr unig fôr weles i
Oedd fy forlesni, Rosie,
A thithe'n reido arno.
Gorwe lawr, bydd lonydd,
I mi ddryllio'r llong
Yn hollt dy lwyne.

Rosie Probert
Cura ddwywaith, Tom,
Ar ddrws fy medd,
A gofyn am Rosie.

Capten Cat
Rosie Probert.

Rosie Probert
Cofia hi.
Ma' hi'n anghofio.
Ma'r pridd a lanwodd ei cheg
Yn diflannu o'wrthi.
Cofia fi.
Fe anghofies i tithe.
Ma' dy Rosie'n mynd mewn i dywyllwch
y tywyllwch am byth.
Fe anghofies i'n llwyr 'mod i byth wedi bod.

Merch

Drychwch,

medde merch wrth ei mam wrth fynd heibio i ffenest Tŷ Sgwner,

ma' Capten Cat yn llefen.

Mae Capten Cat yn llefen,

Capten Cat

Dere 'nôl, dere 'nôl,

heibio i fudandod cerrig ateb y nos dragwyddol.

Merch

Ma' fe'n llefen ar draws ei drwyn i gyd,

medde'r ferch. Mae'r fam a'r ferch yn symud i lawr y stryd.

Ma' trwyn fel mefusen 'da fe,

medde'r ferch. Ac yna mae hi'n ei anghofio hefyd. Gwêl, yng nghanol llonydd y bae nawnlas, Dai Di-ddim yn pysgota o'r Zanzibar.

Fe roiodd Dai Di-ddim bishyn tair i fi ddoe,
ond fe balles i,

medde'r ferch wrth ei mam.

Mae Dai yn tynnu gwast i'r lan,
ei unig ddalfa drwy'r dydd.

Dai Di-ddim

'Ma bysgodyn blydi doniol!

Mae Mrs Dai Bara Brown yn swmpo llygad swrth ei ymennydd, a
dim byd amdani ond bangl.

> Ma' hi'n gwisgo'i gŵn nos.
> [Yn erfyniol] Licech chi'r wast sopen, neis 'ma,
> Mrs Dai Bara Brown?

> **Mrs Dai Bara Brown**
> Na, wna i ddim!

> **Dai Di-ddim**
> A hansh o'n afol bach i?

gan gynnig heb lygedyn o obaith.
> *Mae hi'n rhoi siglad i'w gŵn nos*
efydd, ac yntau'n ei herlid o'i feddwl; a phan ddychwel fel hwrdd o
wynt, wele groten geisha ym myw rhuddgoch ei lygad, yn gwenu ac
yn ymgrymu yn ei chimono papur-reis.

> 'Wy am fod yn Dai-*daioni*,
> ond 'sneb yn folon ifi,

yw ochenaid Dai, a hithau'n ysgwyd yn foesgar. Edwina'r tir,
encilia'r môr yn dawel dros y gorwel; a thrwy'r cwmwl gwyn gwresog
lle mae'n gorffwys yn sidanaidd, daw miwsig gogleisiol diorffwys y
Dwyrain i'w ddatod mewn chwinciad.

Mae'r nawnddydd yn mwmian fel gwenyn dioglyd o gwmpas y
blodau o gwmpas Mae Rose-Cottage. Bron ynghwsg mewn cae lle
mae'r gafrod yn hymian yn addfwyn ac yn topi'r haul, mae hi'n
pwffian ei serch ar bwrs y mwg.

Mae Rose-Cottage [yn ddioglyd]

> Caru fi
> Ddim yn caru fi
> Caru fi
> Ddim yn caru fi
> Caru fi! O! Yr hen ffŵl brwnt.

Gorwedda'n ddioglyd, unig ym meillion melys y borfa, dwy ar bymtheg, a heb fod yn felys yn y borfa, ho ho.

Mae'r Parchedig Eli Jenkins yn inc o glust i glust yn ei barlwr barddoni claear, yn cynnwys y gwir a dim ond y gwir yn ei Draethawd – Poblogaeth, Prif Ddiwydiant, Planhigion, Anifeiliaid, Hanes, Daearyddiaeth, Dail a Diliau tref ei grefydda: Llyfr Gwyn Llaregyb. Uwch ei ben mae hen oriel beirdd ac enwogion y pulpud yn ffwr a gwlân o'r sgwint i'r ben-lin, yn trwm-hongian fel defaid, ar bwys dyfrluniau benywaidd, glastwraidd o'r Wenallt lwydwerdd fel letys yn marw o syched. Mae ei fam, yn pwyso yn erbyn pot mewn palmwydden, â'i meinwasg modrwy-briodas dan ei bronnau fel ford ginio angladd, yn gwingo yn ei gwast.

Parch. Eli Jenkins

> O, engyl, byddwch yn garcus â'r cyllyll a
> ffyrc,

yw ei weddi. Does yr un llun ar gael o'i dad Esau, a gollodd ei goler oherwydd ei wendid, ac a bladuriwyd i'r asgwrn un cynhaeaf ar ddamwain, wrth gysgu gyda'i wendid yn y gwenith. Fe gollodd bob uchelgais, a bu farw ar un goes.

> Druan o Dat

yw ei alaeth

> yn marw o gwrw ac amaeth.

Yn Ffarm Llynhalen mae Eben Watkins yn casáu ei wartheg ar y bryn wrth eu hysu at amser godro.

Eben Watkins [yn gacwn wyllt]
Damo chi'r ffatris lla'th ddiawl!

Mae buwch yn ei gusanu.

Bratha hi! Lladda hi!

dau orchymyn i'w gi byddar, sy'n gwenu ac yn lapswchan ei law.

Topa fe, doma arno fe, Deisi!

gwaedda wedyn ar y fuwch a'i gwanodd â'i thafod; mae hithau'n brefu geiriau mwyn, tra bod yntau'n dawnsio'n wyllt ymhlith ei gaeth-forynion â'r haf ar eu hanadl yn camu'n ddelicet at y ffarm. Eisoes adlewyrchir dyfodiad diwedd dydd o wanwyn yn llynnoedd mawr eu llygaid. Mae Besi Benfras yn eu cyfarch â'r enwau a ddewisodd ar eu cyfer pan oedden nhw'n lloi swci.

Besi Benfras
Peg, Meg, Daffodil, Mol,
Ffani o'r Castell,
Theodosia a Deisi …

Plygant eu pennau o barch.

Os chwiliwch am gyfeiriad at Besi Benfras yn Llyfr Gwyn Llaregyb, fe welwch y clytiau bach bratiog a'r un edefyn brau llachar o'i hanes wedi'u rhoi rhwng y tudalennau yno â'r un faint o gariad a gofal â chudyn gwallt y cariad coll cynta erioed. Un o blant bola'r Wenallt, a anwyd mewn sgubor, a barselwyd a'i gadael ar riniog y wyrcws. Pen bras a llais bas yn tyfu yng ngwayw'r tywyllwch nes i'r diweddar Gomer Owen, oherwydd ei herio, ei chusanu a hithau ddim yn ei ddishgwl. A nawr, yn y golau, fe fydd hi'n gweithio a

godro, galw'r gwartheg wrth eu henwau, a chanu a chysgu nes i'r nos
sugno'i henaid yn hesb a'i boeri i'r awyr. A thra bo Besi yng ngwayw
cofio'r gusan fywyd, maith, maith yn ôl, yn godro'n sancteiddiol yng
nghanol llonyddwch y llynnoedd llygaid, mae'r cyfnos hamddenol
yn camu at y beudy a'r traeth a'r dref. Mae Eben Watkins yn rhegi
drwy'r clos ar gefn ceffyl cart.

Eben Watkins
Carlama, y cymercyn yffarn!

ond gweryru'n ddistaw a wna'r ceffyl cawraidd, yn gywir fel pe
buasai wedi cael lwmpyn o siwgur.

Nawr mae'r dref yn gyfnos i gyd. Pob cobl ac asyn, llwyn gwsberis
a stryd yn dramwyfa i'r gwyll; ac mae'r gwyll, a'r llwch seremonïol,
a chwsg adar ac eira hidl cynta'r hwyrhau, yn lluwcho drwy gyfnos
prysur y rhandir hwn o serch. Llaregyb yw prifddinas y cyfnos.
Mae Mrs Ogmor-Pritchard, wrth deimlo diferyn cynta'r gawod
gyfnos, yn selio pob drws yn Nhrem y Gilfach, yn tynnu'r llenni
antiseptig, yn eistedd mor solet â breuddwyd sych mewn cadair
gefnsyth heijinig, a'i hewyllysio ei hunan i gwsg oer, sydyn. Ar
unwaith, ar ddwywaith, mae Mr Ogmor a Mr Pritchard, a fu'n
clebran fel ysbrydion ar waelod yr ardd drwy dranc y dydd hir
yn cynllwynio dinistr diserch eu gweddw farmor, yn ochneidio'n
anfodlon wrth gamu ar letraws i lendid ei thŷ.

Mr Pritchard
Chi gynta, Mr Ogmor.

Mr Ogmor
Ar ych ôl chi, Mr Pritchard.

Mr Pritchard
Na na, Mr Ogmor, chi gladdodd hi gynta.

Ac i mewn drwy'r clo, a dagrau lle roedd eu llygaid unwaith, maen nhw'n driflo a chonan.

Mrs Ogmor-Pritchard
Croeso,

medde hi yn ei chwsg. Mae 'na gariad sych yn ei llais tuag at un o'r ysbrydion simsan. Gobaith Mr Ogmor yw nad ef mohono. Felly hefyd Mr Pritchard.

Wy'n ych caru chi'ch dou.

Mr Ogmor [â braw]
O, Mrs Ogmor.

Mr Pritchard [ag arswyd]
O, Mrs Pritchard.

Mrs Ogmor-Pritchard
Bydd hi'n bryd mynd i'r gwely cyn hir.
Dewch nawr â gweddill y drefn.

Mr Ogmor a Mr Pritchard
Tynnu'r pyjamas o ddrâr y pyjamas.

Mrs Ogmor-Pritchard [yn sarrug]
A wedyn, eu tynnu nhw bant.

I lawr yn y dreflan gyfnosol mae Mae Rose-Cottage yn dal yn y meillion yn gwrando'r gafrod yn cnoi, ac yn coluro'i thethau â lipstig.

Mae Rose-Cottage

Wy'n ddansherus. Wy'n ddrwg. Laddith
Duw fi. Wy'n ddwy ar bymtheg. 'Wy ar
'yn ffordd i uffern,

medde hi wrth y gafrod.

Watsiwch chi. Fe becha i nes bosto!

Mae hi'n gorwedd yn ddwfwn, yn disgwyl i'r gwaetha ddigwydd;
crechwenu a chnoi'u cil a wna'r gafrod.
    Ac ar riniog Mans Bethesda, mae'r Parchedig Jenkins yn adrodd
i Fryncyn Llaregyb ei weddi fachlud.

Parch. Eli Jenkins

Wrth ddihuno gyda'r wawr
Yn ôl f'arfer, Arglwydd mawr,
Gofynnaf iti roi dy hedd
I greaduriaid crud a bedd.

A chyda'r machlud yn ddi-ffael
Gofynnaf am dy fendith hael,
Cans Ti yn unig, Arglwydd mawr,
A ŵyr yn siŵr pwy wêl y wawr.

Nid oes neb drwy'r Wenallt oll
Yn ôl dy farn yn llwyr ar goll,
Cans gwn yn siŵr mai Tad wyt Ti
A wêl bob tro ein gorau ni.

Rho undydd eto, Arglwydd da,
A'th fendith hwyrol caniatâ!
Ac wrth yr haul sy'n mynd am sbel
Cawn ddweud nos da, heb ddweud ffarwél.

Mae Llew Lleder yn paratoi unwaith eto i gwrdd â'i Satan yn y Wenallt. Mae e'n sgyrnygu ei ddannedd nos, yn cloi ei lygaid, yn dringo i'w drowser dydd Sul â'i gopis yn sownd â charre cobler, ac â ar ei hynt, gyda'i dortsh a'i Feibl, yn llawen ddifrifol i'r cyfnos sy'n bechadurus yn barod.

Llew Lleder
Bant i Gomorra!

Ac mae Lili Bwt yn llawn daioni, i Dai Di-ddim yn y golchdy …
Mae Ceiriog Owen, mor sobor â Saboth, fel y mae beunydd bob wythnos, yn mynd am dro mor hapus â Sadwrn, i dablenna fel diacon, yn ôl ei arfer bob nos.

Mr Ceiriog Owen
A 'wy wastod yn gweud fod dou ŵr 'da hi,

medde Ceiriog Owen,

                              un meddw
ac un sobor.

A sylw Mrs Ceiriog yw

Mrs Ceiriog Owen
On'd odw i'n fenyw lwcus? Achos wy'n caru'r ddou.

Sinbad
Shw'mai heno, Ceiriog.

Mr Ceiriog Owen
Shw'mai, Sinbad.

Sinbad
Beth gei di?

Mr Ceiriog Owen
Gormod.

Sinbad
Ma' tafarn y Morwr ar agor bob amser,

medde Sinbad wrth ei hunan torcalonnus,

O! Meinwen Mai,
agor dithe!

Boddwyd y cyfnos am byth tan yfory. Yn ddisymwth, mae hi'n nos nawr. Mae'r dreflan wyntog yn fryncyn o ffenestri, ac o gynnwrf y tonnau mae'r lampau yn y ffenestri'n erfyn ar i'r dydd a'r meirwon beidio â ffoi dros y môr. A thrwy holl alw'r tywyllwch, fe hwiandwyllir hen ddynion a babanod i gysgu.

Llais Menyw 1
Si hei lwli, mae Siôn Cwsg yn dyfod …

Llais Menyw 2
Cysgwch chi, Data, lan uwchben
Pan chwyth y gwynt fe sigla'r nen,
Pan dorra'r gainc fe syrth y crud,
Lawr y daw Data yn whisgers i gyd.

Neu fe dynn eu merched y llenni dros yr hen ddynion llonydd fel tynnu llen dros gell y parot. Ac yng nghorneli'r ceginau ifainc bishi yn hir drwy'r nos, byddant yn gwylad drwy'r nos hir, rhag ofn i'r angau eu dal nhw'n cysgu.

Mae'r crotesi dibriod mewn stafelloedd – yn dawel fach –
priodasol, yn powdro a chwrlo ar gyfer Dawns y Bydysawd.

[Cerddoriaeth acordion – yn isel.]

O flaen eu lwcin-glasys, maen nhw'n mowldio wynebau dere-
mla'n ar gyfer strabs y stryd, sy'n pwyso ar lampau goleuo corneli,
yn disgwyl yn y chwythwm disymwth o wynt, i chwibanu a chwna.

[Cerddoriaeth acordion yn cryfhau a
gwanhau ac yn dal yn isel.]

Mae criw tafarn y Morwr yn yfed i fethiant y ddawns.

Yfwr
Hwfft i'r waltso a'r sgipo.

Ceiriog Owen
Jo danso'n naturiol,

medde Ceiriog mor gyfiawn, ac yntau newydd lyncu deunaw peint
o gwrw chwerw, fflat, twym, tenau, cas Cymru.
Tywynna lantern ffarmwr, yn sbarc ar Fryncyn Llaregyb.
Bryncyn Llaregyb, sgrifenna'r Parchedig Jenkins yn ei barlwr
barddoni, y garnedd gyfriniol, cofadail pobloedd a drigai yn rhandir
Llaregyb cyn i'r Celtiaid adael Gwlad yr Haf, a lle bu'r derwyddon
yn llunio iddynt eu hunain, wraig o flodau.

[Cerddoriaeth acordion yn peidio]

Mae Mr Waldo, yn ei gornel yn nhafarn y Morwr, yn morio
canu:

Mr Waldo

Yn ninas Penfro pan own yn grwt,
Yn byw yn y Castell Bach,
Ceiniog y dydd oedd fy nghyflog
Am frwsho shimeiau y crach.

Chwech o geiniogau a gefes,
Dim un hatling goch yn fwy,
Mor anodd byw ar gwrw dynad,
A bron gorfod byw ar y plwy.

Do'dd dim isie cylleth a fforc
Na bib bob cam at fy ngên
Wrth daclo deilach letysen
A honno bob tro yn rhy hen.

A glywoch chi erioed am grwt
Fu'n diodde mor greulon â fi?
Bob tro yr af i i'r dowlad
Ma' 'nagre mor gryf â 'mhi-pi.

Swîp, swîp, mynte fe
Yn llefen drwy ddinas Penfro
Yn droednoeth a thlawd yn yr eira
Nes i lodes drugarhau wrtho.

Druan, o, druan o'r swîp mynte hithe
Yn ddu fel twll mewn dant,
Does neb wedi brwsho fy shime
Er pan a'th fy ngŵr i bant.

Dere, rho frwsh yn fy shime
Dere, rho frwsh yn fy shime
Mynte hi wrtho i â gwrid,

Dere, rho frwsh yn fy shime
Dere, rho frwsh yn fy shime
A chofia ddod â dy dacl i gyd!

Mae'r Capten dall yn dringo i'r dowlad. Fel cath fe wêl yn y nos. Drwy siwrneiau ei ddagrau mae'n hwylio i weld y meirwon.

Capten Cat
Williams y Dawnsiwr!

Y Cyntaf a Foddwyd
Yn danso o hyd.

Capten Cat
Jona Jarfis

Y Trydydd a Foddwyd
Ar ei hyd.

Penglog Cwrlin Bifan.

Rosie Probert
Rosie gyda Duw. Ma' hi wedi anghofio marw.

Daw'r meirwon mas yn eu dillad parch.
Gwrandwch ar y nos yn torri.
Mae Organ Morgan yn mynd i'r capel i chwarae'r organ. Bydd wrthi'n chwarae ar ei ben ei hunan drwy'r nos ar gyfer y sawl sydd â chlustiau i wrando: cariadon, gloddestwyr, meirwon mud, crwydriaid neu ddefaid. Fe wêl Bach yn gorwedd ar garreg fedd.

Organ Morgan
Johann Sebastian!

Mr Ceiriog Owen [yn feddw]

Pwy?

Organ Morgan

Johann Sebastian aruthrol Bach. O! Bach, bach.

Mr Ceiriog Owen

Cer i'r diawl,

medd Ceiriog Owen, sy'n gorffwys ar y garreg ar ei ffordd adre.

Mae Mr Mog Edwards a Miss Myfanwy Price mor hapus â'r dydd heno am eu bod nhw ar wahân, y naill ym mhen ucha'r dref a'r llall ym min y môr. Maen nhw'n sgrifennu eu llythyron caru twymgalon. Yn Llyfr Gwyn gwresog Llaregyb fe welwch fapiau bach ynysoedd eu boddhad.

Miss Price

O! Mog, wy'n eiddo i ti am byth.

Ac mae hi'n edrych o'i chwmpas â phleser ar ei stafell gymen, fyth-yn-ddiflas, na chaiff Mr Mog Edwards fyth fynd iddi.

Mog Edwards

Dere i 'mreiche, Myfanwy.

Ac mae'n gwasgu ei arian lyfli yn glòs at ei galon.

Mae Mr Waldo yn feddw yn yr allt wyllog, yn gwasgu ei Boli lyfli Gardis o dan lygaid a thafodau clecs y cymdogion a'r adar, a 'sdim ots 'da fe. Mae'n clecian ei wefusau coch cras.

Ond nid ei enw yntau mo'r sibrwd brwd ar wefus Poli Gardis wrth orwedd dan y dderwen a'i garu'n ôl. Mae'r enw hwnnw'n canu dan y pridd oer, yn y dwylath diwaelod.

Poli Gardis [yn canu]
Ond fe gofiaf o hyd wrth ddyfod yn rhydd
Am f'annwyl Wili Bach o dan bridd …. pridd
… pridd.

Mae'r nos fain yn tywyllu.
Ac o grychni'r dŵr daw ochenaid awel i'r strydoedd,
ac annog y Wenallt i ddylyfu'i gên.
Yr Allt,
lle mae traed hollt y gwŷdd yn gilfachau duon llon i helwyr serch,
sy'n ardd Eden Duw i Meri Ann y Morwr
a wŷr am nefoedd ar y ddaear,
ac i etholedig rai ei dân caredig yn rhandir mwyn Llaregyb,
sy'n gapel gwelyau mis-mêl
i flys afradlonedd gweision ffermydd a ffair,
ac i'r Parchedig Eli Jenkins
yn bregeth ddail-lesni ar ddiniweidrwydd dynolryw.

Yn sydyn, yn siglen y gwynt,
mae'r Allt unwaith eto'n dihuno'n dywyll,
i eni'r undydd newydd hwn o Wanwyn.

DAN Y WENALLT

Llwyfannwyd y trosiad gwreiddiol am y tro cyntaf nos Wener 4 Awst 1967, yn Nhalacharn.

Cynhyrchydd: Gwynne D. Evans

Cymeriadau:*

Lleisiau	T. James Jones, Alun Lloyd
Capten Cat	Alwyn Jones
Un a Foddwyd	Allenby Davies
Yr Ail a Foddwyd	Glyn Ellis
Nansi Prydderch	Wendy Ellis
Y Trydydd a Foddwyd	Will Davies
Y Pedwerydd a Foddwyd	Emrys Jones
Y Pumed a Foddwyd	Sulwyn Thomas
Mog Edwards	Brin Bonnell
Miss Price	Ruby Evans
Llew Lleder	Emrys Jones
Mr Waldo	Ernest Cross Evans
Gwraig Waldo	Dulcie Plucknett
Cymdoges 1	Ivy Jones
Cymdoges 2	Lilian Jenkins
Cymdoges 3	Lilian Owen
Cymdoges 4	Mair Williams
Parchedig Eli Jenkins	Ernest Evans
Mrs Ogmor-Pritchard	Lydia John
Mr Ogmor	Glyn Ellis
Mr Pritchard	Sulwyn Thomas
Martha Mei Beynon	Margaret Morgan
Organ Morgan	D. M. Davies
Eben Watkins	Allenby Davies
Mrs Eben Watkins	Mair Williams
Wil Lla'th	Stanley Phillips

Mrs Jacyraca
Lili Bwt
Mae 'Rose Cottage'
Mr Beynon
PC Aston Rhys
Mr Puw
Mrs Organ Morgan
Meri Ann 'Y Morwr'
Dai Bara
Poli Gardis
Dai Di-ddim
Syr Wili Watsh
Gweni
Mrs Beynon
Mrs Puw
Mrs Dai Bara Gwyn
Mrs Dai Bara Brown
Jacyraca
Mrs Ceiriog Owen
Mr Ceiriog Owen
Sinbad
Hen Ŵr
Ifans-Ange
Besi Benfras
Mati
Plentyn
Plant:

Marion Davies
Margaret Morgan
Sharon Morgan
Dilwyn Mathews
Emrys Jones
Lyn Ebenezer
Lilian Owen
Valeri Davies
Peter John
Anita Williams
Ken Davies
Sulwyn Thomas
Ann Davies
Dulcie Plucknett
Mair Williams
Edna Bonnell
Wendy Ellis
Will Davies
Lilian Jenkins
Gomer Williams
Allenby Davies
Glyn Ellis
Peter John
Lilian Owen
Rhian Evans
Rhian Evans

Ann Davies, Anthea Lewis, Rowena Gill, Vincent Gill, Verona Gill, Yvonne Richards, Terry Thomas, Meirion Thomas, Bryan Howells, Beverley Lewis, Meryl Lloyd, Dorothy Stephenson, Gwyneth Williams, Wendy Brace.

Cynllunydd y Llwyfan: Brin Davies
Gofalwr y Llwyfan: Harri Owen

Goleuo	Brin Davies
Coluro	Meurig Jones a Harford Davies
Gwisgoedd	Mary Tucker a Gwyneth Evans
Cyhoeddusrwydd	Clem Thomas
Arbenigwyr Technegol	Ken James, Phil Zammitt a Dewi Evans

* Enwau'r cymeriadau a ddefnyddiwyd yn y cynhyrchiad.

Portread o Dalacharn

YN 1953, AR ÔL MARW DYLAN THOMAS,
YMWELODD Y FFOTOGRAFFYDD GEOFF CHARLES
Â THALACHARN. DYMA GYHOEDDI'R LLUNIAU
MEWN LLYFR AM Y TRO CYNTAF.

FARMERS ARMs.

R.A. JEFFERY LICENSED TO SELL BEER, WINE & SPIRITS

Dymunaf ddiolch i'r canlynol:

Gwynne D. Evans, cynhyrchydd cyntaf *Dan y Wenallt*, am fy symbylu i fentro trosi

Tom Bowen a Rhiannon Griffiths, am addasu cerddoriaeth yr argraffiad cyntaf

Rhys Nicholas, am gywiro proflenni'r argraffiad cyntaf

Gwasg Gomer, am ddiwyg y gyfrol hon

Rebecca Ingleby Davies, am y dyluniad a'r clawr

Manon Rhys, Luned Whelan a Marian Beech-Hughes am olygu'r testun

Walford Davies, am ei ragymadrodd a'i gynghorion

Dylan, am beri i'r borfa brifio ar Fryncyn Llaregyb.